赢在沟通

梁宋国 ◎ 著

東華大學出版社

图书在版编目（CIP）数据

赢在沟通 / 梁宋国著. — 上海 : 东华大学出版社，2021
ISBN 978-7-5669-1867-3

Ⅰ. ①赢… Ⅱ. ①梁… Ⅲ. ①人际关系学—通俗读物 Ⅳ. C912.11-49

中国版本图书馆 CIP 数据核字 (2021) 第 186045 号

赢在沟通

YING ZAI GOUTONG

梁宋国 著

责任编辑 / 李　晔
出版发行 / 东华大学出版社有限公司
地址：上海市延安西路 1882 号 邮编：200051
电话：021-62193056
网址：http://dhupress.dhu.edu.cn/
印　　刷 / 上海盛通时代印刷有限公司
开　　本 / 890 毫米 ×1240 毫米　1/32 开
印　　张 / 11.75
字　　数 / 376 千字
版　　次 / 2021 年 12 月第 1 版　2021 年 12 月第 1 次印刷
ISBN 978-7-5669-1867-3　　定价：58 元

CONTENTS

目　录

第 3 章

君子和而不流：把握好自己的态度

第 4 章

趋利避害：引导话题的走向

第5章

言辞缜密：说话办事要有条理

第6章

针锋相对：如何应对语言攻击

第 7 章

巧言妙语：如何说服别人

第 8 章

明就暗推：学会巧妙地拒绝

第 9 章

人情练达：处理问题巧用软劲

第 10 章

变则通，通则存：改掉人际交往坏习惯

第1章

敬人者，人恒敬之：交际场合做好自己

沟通与表达的重要性，每一个人都懂。在课堂当中，我会要求大家对一些问题进行深刻的反思：你有在说话、做事方面咄咄逼人过吗？你有被逼无奈的时候吗？这样的行为，你认为它是在积福呢？还是在消耗福报呢？

第一节 01 委婉含蓄：交往要给人留余地

《菜根谭》中写道："路径窄处留一步，与人行；滋味浓的减三分，让人嗜。"让三分，留余地，包含有两方面的意思。其一，给自己留余地，有进有退方能进退自如，以便日后能够更加机动灵活地处理事务，解决或是应付多变的社会状况；其二，给别人留余地，无论在什么情况下，也不能把别人往绝路上推，万不可逼人于绝境，那样会迫使对方因绝望而走向极端，这样于人于己都没有任何好处。

在日常生活中，我们常常说口上要积德、要留德，可是总有些人要一吐为快，总有些人会"口吐芬芳"，因此无论是在表达

时还是在行为上都应该对人礼让三分。

留白是一种处世智慧

自古以来，给人留有余地就是一种为人处世的智慧。

古语有云："物极必反，否极泰来。"意思是说，行不可至极处，至极则无路可续行；言不可称绝对，称绝则无理可续言。做任何事时，进一步，也应让三分。留人宽绰，与己宽绰；与人方便，与己方便。这都是古人总结出来的处世秘诀。

清代名臣曾国藩有一句话："福不享尽有余德，势不使尽有余力，话不说尽有余地，事不做尽有余路，情不散尽有余韵，心不用尽有余量。"故行事当有方寸，事不过而言不极。学会留白，是把握人生至关重要的学问之一。

在韩国北部的乡村有许多柿子园。每逢金秋时节，随处可见当地果农采摘柿子的身影。但每年采摘结束后，农民都会留一些熟透的柿子在树上。在大多数人看来这些柿子又大又红，不摘岂不可惜？但是果农却说，无论柿子收成好或不好，都不会把柿子全部摘下，因为这是留给喜鹊们的礼物。

为何要把自己种植的柿子留给喜鹊吃呢？原来，这里是喜鹊的栖息地，喜鹊喜欢吃树上的柿子，同时也会吃柿子树上的害虫。每逢冬天，喜鹊都会在柿子树上筑巢。在许多年前的一个冬天，下了一场很大的雪，天气特别寒冷，许多找不到食物的喜鹊被冻死了。第二年春天，柿子树发芽吐绿，因为喜鹊的数量变少了，害虫泛滥成灾，所以那一年的柿子几乎绝产。从那以后，果农吸取教训，每到丰收的季节，他们都会在树上留一些柿子，吸引喜鹊在树上筑巢。喜鹊也知恩图报，帮助果农治理虫害，从而保证柿子的收成。

自然界的一切都是相互平衡、相互依存的。物与物如此，人与物如此，人与人亦如此。给别人留有余地，往往也是给自己留下生机与希望。佛曰：“凡事太尽，缘分势必早尽。”在人际交往中切记处事须留余地，责善切戒尽言。事不做绝、话不说满，才能给自己留下退路。

说话留有余地的重要性

“说话留有余地”重要到什么程度呢？我有一个客户，他说话特别直接，直接到让人无法呼吸。有一次，他在与他的爱人沟通的时候步步紧逼，直致最后对方说出他所认为的真话。可是当他知道这个真相之后，反而变得更加难过。因此在很多时候，说话得留有余地，相互留有一定的空间。懂就好了，不必戳穿，其实说穿之后伤害的不只是对方，也包括自己。

在现实生活中，有很多人，无论是男方还是女方，在说话时很少给对方留有余地，也就是很少给对方留下尊严。这也是现代社会的离婚率逐年升高的原因之一。尊严对任何一个人，都是最重要的，因此留有余地，能够让夫妻的感情变得更加和谐。

如果有人问你：“会说话吗？”你一定觉得很可笑，说话谁不会啊？但细细思量，可能大多数人都不会“说话”。人与人在接触交往中离不开语言，而语言的应用更多的是说话。可见，说话是多么大的一门艺术。

语言就像是一把双刃剑，使用得好，让人如沐春风；使用得不好，就是一发能够穿透人胸膛的子弹。在培训行业有人际关系、人际沟通、说话的艺术、提问的艺术等课程，这些课程，都离不开“语言”这两个字，因此“会说话者赢天下”这种说法在相关行业是有一定道理的。关于会不会说话、能不能把话说到点子上、能不能点到即可、能不能见好就收，这都是需要系统学习的，这也是相关培训很受大家欢迎的原因。因为相关的培训能够让学员得到老师的指点并提升相应的能力，这样的培训能够让学员的家庭、工作等各方面都变得更加和谐。

委婉含蓄，巧妙留白

在春秋时期，齐国的晏子（晏婴）经常劝谏齐景公。一次，齐景公的一匹爱马暴死，齐景公大怒，命令手下用刀肢解养马人。

此时，晏子刚好在齐景公身旁，见侍卫持刀而进，他阻止了侍卫并问齐景公："敢问古时的尧、舜肢解活人时，从身体的哪个部位开始？"齐景公恍然大悟说："从我开始。"齐景公听出晏子是在委婉地批评他，但又不愿赦免养马人，就说："将他下狱吧！"晏子说："好，这个人还不知道自己的罪过就要被处死。请先让我代您说说他所犯之罪，这样才能让他心服。"景公说："可以。"

于是晏子开始历数养马人三大"罪状"："国君让你养马你却把马养死了，这是死罪之一；死的是国君最喜爱的马，这是死罪之二；你让国君因为一匹马而杀人，百姓闻知，必定怨恨国君，邻国闻之，必轻视我们的国家，这都是因为你养死了国君的马而造成的，这是死罪之三也。来人，将其下狱！"齐景公一听，立即明白了其中的道理，说："把养马人放了，不要因此伤害了我的仁政。"

晏子的含蓄表达既救下了养马人，又让齐景公认识到了仁政的重要性，同时也没有因触怒君王而伤及己身。

在人与人的交往中，当谈论的话题触及他人的利益、尊严、荣誉、能力、品德、隐私或是共同忌讳（如死亡、身体残疾等）时，直白的表达会造成各种不良的后果，这时就需要我们坚持含蓄委婉的交往原则。

俗语说："好言一句三冬暖，恶语伤人六月寒。"在人际交往中，最忌把话说死，言若尽则人难退。委婉含蓄的表达不但能够使人如沐春风，更能让自己给对方留下好印象。

留有余地也可看作是一种修养、一种完善自我的方式。把话讲得更有弹性，让别人感到舒服；把事做得更加灵活，让自己能够更加游刃有余。这样才能让彼此都不会为沉重的负担所累，也更加能坦诚地与人相处。

凡事留一线，日后好相见。与人相处，话不可说绝，给彼此留下充分的余地，以后不论何时再相见都不至于尴尬难堪。书画家在进行创作时，要学会“留白”；设计师在进行版式设计时，也要学会“留白”。在人物雕刻制作中有这样一条要领：“鼻子要大，眼睛要小。”鼻子雕刻大了，还可以改小，如果一开始雕刻小了，那么就难以补救了。同样的道理，眼睛雕刻小了还可以加大，雕刻大了就不能缩小了。“留白”留的是自由，是彼此互不侵犯的私人空间。树与树之间留有间隔，才能长得茂盛；人与人之间保持一定的距离，才能避免摩擦与纠纷。凡事总有意外，计划赶不上变化。留有余地就是为了容纳这些意外，以免自己没有退路。

美国前总统克林顿的妻子希拉里曾经出过一本自传。该书刚出版的时候，美国一家电视台的一位脱口秀主持人曾经对希拉里的自传作出过辛辣点评：“她的书不可能会卖好，我敢打赌，如果她的书能够卖掉100万本，我就把她的鞋子吃掉。”

但上帝好像偏偏喜欢捉弄那些把话说得绝对的人。没想到不出几周，希拉里的自传就成了畅销书，销量一路飙升，很快超过了 100 万本。

果不其然，希拉里在这个主持人录制节目时送去了她的“鞋子”。不过，这鞋子的质地却不同于其他鞋子。于是该主持人在电视台众多的观众面前，吃下了总统夫人为他特意定做的鞋子形状的蛋糕。

该主持人的尖酸刻薄与希拉里夫人的宽容大度形成了鲜明的对比。那位主持人话说得太绝对，断了自己的退路，但希拉里在面对他对自己的贬斥和嘲讽时，并没有因为他激烈的言辞而进行猛烈回击或者让他真正地吃鞋子，而是用一种幽默的让步，成功而巧妙地化解了这一矛盾，避免了那位主持人出现尴尬的局面。希拉里夫人的这一举动不但让那位主持人心存感激，更是让所有人见证了她的高风亮节。一份留白，两全其美。

人的一生有沉有浮，三穷三富变化无常。《喻世明言》里有一句话：“世事翻腾似转轮，眼前吉凶未必真。”在人生旅途中，唯有学会给他人留余地、给自己留退路，才能走得更稳、更踏实。

其实中国人常说的“言多必失”就是这个道理。我们的语言可以丰富，但是不能不符合场景及人的需求。语言是世界上每一个人都在使用的一种交流工具，运用得好，能够事半功倍；运用得不好，它会使你和外界的沟通出现问题，尤其在与语言相关的行业中，如主持人，对语言表达的要求就更高了。这就是我们会

很喜欢某些主持人主持风格的原因。

语言不正，语言不美，我们所有人都会受其影响。我希望每一位读者都记住一句话：说出去的话，出口必助人。

第二节 02 一叶知秋：建立良好的第一印象

林肯曾说过：“在40岁之后，人就必须对自己的相貌负责了。”经过岁月沉淀，一个人正直或是龌龊，善良或是奸诈，真诚或是虚伪，快乐或是凄苦，大都可以从其脸上窥探出一二。一个工于心计的人，和一个单纯、简单的人，他们的脸大多是不一样的；一个经历坎坷的人，和一个一帆风顺的人，他们的脸也是不一样的。

在培训行业这么多年，粗略统计了一下，我一个月见到的陌生人数约有300人，一年约有3600人，迄今为止我一共见到的陌生人有约3万人。

每每见到陌生人，我也是凭看脸形成对这个人的第一印象。因为很多人的喜怒哀乐、需求、心思都会表现在脸上。我们常说的“相由心生”是有一定道理的。

很开心我能做到“以脸识人”。

就像我的对面坐着一位客户，他并没有开口说话，但我却能发现他的一些心理需求，那是因为他脸上写满了故事，这让我省去了很多提问的时间，也让他省去了很多表达的时间，有些人的一颦一笑真的可以展示他的内心。在《行为心理学》这本书中讲到，有一些人在说谎的时候，会下意识地做出一些动作，这反映出他的深层心理，因此展现一个良好的面相和良好的精神面貌是多么重要。

优秀的社会学家每到了一个地区，总是可以从当地人的眼神和神情中推断出他们的生活状态和精神状态，推断出他们是否过着安定的生活，是否有积极向上的生活态度，是否有安全感等。

不同的面貌代表了不同的人物性格，随之影响到其在他人心中的形象。这并非是单纯地以貌取人，而是我们都知道第一印象的重要性。经研究发现，50%的第一印象都是取决于其外表，这里所说的外表不单单指一个人的长相，更多的是指这个人的穿着打扮。仪容仪表是否整洁、清爽决定着其在他人心中是否值得信赖。

利用首因效应树立良好形象

美国社会心理学家洛钦斯在1957年用实验证明了首因效应的存在。他用两段编撰的故事作为实验材料，描写的是一位叫詹姆的学生的生活片段，一段故事凸显了詹姆热情外向的一面，另一段故事凸显了他冷淡内向的一面。洛钦斯将这两个故事分别给四组水平相当的中学生阅读，其中A、B两组学生阅读的故事相同，顺序不同。A组学生先阅读詹姆热情外向的故事，后读其冷淡内向的故事，而B组学生的阅读顺序相反。实验结果表明，A组中有78%的人认为詹姆是一个热情外向的人，B组中只有18%的人认为詹姆是一个热情外向的人。

其中的差异源于认知顺序的不同，正所谓先入为主，初始其事，必以其事评其人。第一印象对人今后交往关系的影响之大难以估量。虽然这些第一印象并非都是正确的，但都是最鲜明、最牢固的。所谓“以貌取人”并非空穴来风，人们可以在交往过程中利用首因效应，树立自身的良好形象，以谋得先机。

第一印象难以改变，一旦在他人心中建立了不良的印象，以后的相处也势必如渊如狱，欲变而不可得。

从外表掌控第一印象的主动权

第一印象有时源于他人的评价，但更多源于其视觉观感，毕竟要了解一个人的内在需要较长的时间，而外在的仪容举止让人一目了然。例如《红楼梦》中描述王熙凤出场的一幕可谓经典，“未见其人，先闻其声”，王熙凤这种出场就给予他人强烈的印象。首因效应表面复杂，实则妇孺皆知，如为官者总是很注重“烧”好上任之初的“三把火”，百姓也深知“下马威”的妙用，每个人都力图给别人留下良好的“第一印象”。

不可否认，第一印象的确具有一定的片面性，但很多时候，人们没有时间去“日久见人心”。善于交际的人总能在第一时间把自己的形象铭刻在对方心中，即便岁月流逝，也记忆深刻。“给人好印象只需要7秒钟。”建立良好的第一印象应从多个方面入手。

《孙子兵法》有云：“善攻者，动于九天之上。”就是说，善于进攻的人出击迅速，宛如从天而降。掌握主动权，一直都是人际交往的重要手段。对于陌生人来说，主动交流体现了你对他人的尊重与热情，更能把谈话的节奏与方向控制得当。俗话说：“伸手不打笑脸人。”用热情谦逊的态度对待他人，必能叩开交际的大门。

佛曰：“命由己造，相由心生。”人们习惯在交流之前就对对方做出设想，外表则是人们设想最直接的依据。外表不仅包含外貌，还包含穿戴。因此，人们在交流之前必先“观其形、察其色”。在交往中多多审时度势，在适当的场合穿戴适当的服饰、搭配适当的妆容、说适当的话，才能让别人感受到你的素质和底蕴。

以诚待人树立好的开端

《史记·刺客列传》中有言：“国士遇我，我故国士报之。”以诚待人者，人亦诚而应。晚清重臣曾国藩曾经给“诚”下过一个定义：一念不生是谓诚，故“诚于中，必能行于外”。真诚在内心是纯净赤诚，表现在外就是坦率不做作，是拉近双方距离不可或缺的一部分。以诚待人是立身处世的不二法门，其力量源源不绝，含义深远，值得我们用心揣摩。富兰克林曾说过：“一个人种下什么，就会收获什么。”如果我们真诚待人，那么别人也会真诚地对待我们。

《韩诗外传》曾曰：“圣人以己度人者也，以心度心，以情度情，以类度类，古今一也。”交际之道，亦复如是。在日常交往中，如果一切都需要他人按照你的想法去做，也不管他人的意见如何，那么你就不会被人喜欢。当你与他人交流时，如果你不担心他人的想法和感受，不给他人留颜面，则人不欲与之相交。子曰：“己所不欲，勿施于人。”心理学关于共情力的描述就是来源于换位思考，共情意味着能够感受他人的内心世界，能够与他人建立亲密的连接，这恰恰是彼此交换思维的结果。

柏拉图曾说过：“良好的开端是成功的一半。”坚硬的石缝中之所以能长出充满生气的小草，是因为小草在一开始就汲取了日月精华；骆驼之所以能穿越茫茫沙漠，是因为骆驼在旅程开始前就在体内贮备了充足的营养。给他人一个好的第一印象，才能为日后彼此间坚如磐石的友谊打下基础。正如作家蒋方舟所言："故事的结局，早已写在开头。"

近朱者赤，近墨者黑。这个道理我们都知道。其实我们接触什么样的人，经历过什么样的事，都会从我们身上展现出来。我们看到过、听到过、吸收过、理解过的事物也会展现出来。因为我们所有人都想经历美好，所以让我们一起去创造美好、经历美好、发现美好。来到我的课堂上学习的人，都是来追求美好、发现美好的人，他们想让自己的生命更加充实，事业步步高升，在处理各种人际关系中变得更加和谐。只要每一个人的初心是好的，你就会发现这世间万物所有的一切都是好的。

第三节
03 虚怀若谷：谦逊方能成大器

《尚书》云："满招损，谦受益。"中华文化历来有内敛谦逊的核心价值观。常言道，天不言自高，地不言自厚。越是沉穗的谷子，头沉得越低。学会低调做人，就是要不喧闹、不矫情、不造作、不故作呻吟、不假惺惺、不卷入是非、不招人嫌烦、不招人嫉妒，即使你认为自己满腹经纶、才华横溢、能力超群，也要学会抱朴守拙。

谦谦君子这个词你听过吗？我们都喜欢如此美好的人。但是真正如此美好的人会有几个呢？怎么才能做到成为真真正正的谦谦君子呢？

我们知道水稻越成熟，它的腰弯得越低。“骄傲使人落后，虚心使人进步。”这是一句耳熟能详的话，因此保持谦逊沉稳，才能取得成功。

谦逊是一种美德

谦逊的优点，大家都知道。其一，谦虚者不伤人，不居功、不自傲、不耍态度、不张扬、不乖戾，因此给人以安全感、温润感，能让人安心。其二，谦虚者敬重人，看人长、识人贤、崇人厚、敬人德、海纳百川、虚怀若谷，因此给人以尊崇感、荣誉感，让人暖心。其三，谦虚者团结人，不以强凌弱，不以大压小，不以上欺下，为人谦卑，凝聚人心，因此给人以亲切感、宽厚感，让人舒心。

谦虚低调的人，往往性格温和、为人正直、胸襟宽广，很容易得到身边人的赞同和认可。他们往往能够放得下身段向他人请教问题，这会让身边的人产生一种强烈的被尊重感和满足感。在与谦虚低调人交往时，人们就会觉得自己的地位一下子提高了，深感自己是有价值的人。

每个人都有怜悯心，当人们发现身边的人主动示弱时，就会下意识地将他们视作弱势群体，觉得自己应该发扬一下侠义精神，帮助他们。因此，在这种情况下，谦虚低调的人就会被当作满足自己这种心理需求的对象，同时也在和谦虚低调的人相处中，获得了一种成就感和满足感。

所谓：“桃李不言，下自成蹊。”谦虚使人进步，谦虚的姿态更招人喜欢。时刻谨记，不自满者受益，不自是者博闻。谦虚做人就是在为人处世上要虚心、厚道，对人真诚、热情，与人为善。

谦逊要适度

过俭则吝，过让则卑。交际之道提倡谦逊，而非谦卑。过于谦虚有时候往往和自卑、自恋与自我攻击、自我贬低联系在一起。适度谦虚是好事，可抑制自我膨胀，保持积极进取。然而，过分谦虚不但没有好处，反而有害处。

其实过度谦虚，我们可以理解为自卑。近年来，希望通过培训课程提升自身心理素质的人越来越多，他们自认为心态不好。而这样的人都有一个共同的特点，那就是特别谦虚，谦虚到不愿意多说一句话；特别低调，低调到尘埃里。

其实过度谦虚有很多原因，有的人是怕在工作当中如果一旦表现得比较积极，就会被认为好大喜功，居功自傲。在家里，父母也会教育我们要为人谦虚低调，可是有些父母的引导却并不科学。有些孩子本来就比较自信，而在其父母一味地错误引导后会

让孩子变得过度谦虚，也就是产生了自卑心理甚至自闭。因此提升心理素质这类课程，很适合缺乏自信的人，能够帮助他们由内而外地更好地认识自己，学会与自己和平相处。

一个人过度谦虚也会让其他很多人忍无可忍，因为他总是一退再退，慢慢地就没有了主见，在希望他给出意见的场合，他却给不了。所以我们需要调整自身的心理素质，不用过度害怕，很多时候合适的表达、合适的行为，往往会带来美好的结果。我身边有很大一部分学员都存在自我贬低的问题，很多时候当你夸他做得好，他却非常地谦虚，且会不断地否定自己："我不够好！我不够好！"这类学员很难接受别人的认可，久而久之，就会导致自身心态封锁。

《尹文子·大道上》中记有一事。齐国有位叫黄公的人，为人以谦卑著称。他有两个长得十分美丽的女儿。齐国人向其询问家中女儿的情况，黄公一如既往地谦卑，说自家女儿相貌丑陋，登不得大雅之堂。久而久之，黄公之女丑陋的名声在外，举国上下都没有媒人敢来提亲。

后来，卫国有一位鳏夫，寻妻而不得，最后迫于无奈，托媒人去黄公家里提亲，黄公自知两女年岁渐长而"丑名远扬"，只得答应了鳏夫的请求。鳏夫取回其女，他惊喜地发现自己的妻子竟貌美如花。于是后世常常引齐黄公的行为为戒，遂有"黄公好谦"之说。

过于谦虚者常自责，责己性人格是一种很不成熟的人格，他们时时刻刻在头顶悬挂着一把“达摩克利斯之剑”，过得提心吊胆，生怕一步没踩稳当。

俄国知名作家契诃夫有一短篇小说《小公务员之死》，讲的是一个小公务员因自责而死的故事。

一天傍晚，切尔维亚科夫去戏剧院享受着美好的时光。可是忽然间，他感觉鼻子很痒，忍不住打了个喷嚏。切尔维亚科夫拿手绢擦了擦脸，往四下里看一看：他的喷嚏究竟搅扰别人没有。可是这一看，他却慌起来了。他看见坐在他前面正厅第一排的一个小老头正在拿手套使劲擦自己的秃顶和脖子，嘴里嘟哝着。切尔维亚科夫认出那个小老头是卜里斯哈洛夫，在交通部任职的一位退伍的将军。小公务员唯恐将军会将自己的不慎视为故意冒犯，于是一而再，再而三地道歉，弄得将军由毫不在意到真的大发雷霆。而执着地申诉自己毫无冒犯之心、实属清白无过的切尔维亚科夫，在遭遇大官人的不耐烦与呵斥后，每天担惊受怕、惶惶不可终日，最后竟一命呜呼。

古人讲究心中有尺，凡事有度，过犹不及。谦逊也是如此，作为一种极具智慧的处世之道：谦逊不足，则易自满；谦逊过度，则为谦卑，更有甚者化为自卑。谦虚是美德，但谦虚过分就会脱离实际，走向反面，造成事与愿违的后果。

在每次培训课程中，我都会去鼓励学员。他们每一次的表达

都希望老师能指出其中的缺点。可是我知道他们更需要自信、鼓励，因此在我的语言中80%都带着鼓舞的作用，这叫作优势加强法。学员好不容易鼓起勇气表达出来，如果此时你再直接指出他的弱点，他的心态一定绷不住。但当你用优势加强法，先鼓舞，再提一点小意见时，你会发现他很乐意去吸收和接受，因此每一位老师引导他人成长的方式是非常重要的。谦虚是一种美德，但是心里必须有一个尺度。在很多国外的教育中经常使用赏识、鼓励的教育方法，你会发现当地的孩子们很自信，同时又很有自知之明。

世界上多数人都很平凡，但这并不意味着一个人取得了一些成绩就可以骄傲自满。再小的水珠，也能折射太阳的光芒。在我们身边，很多看似平凡者往往有不平凡之处。譬如，有的人虽然反应不那么敏捷，但是有经验；有的人虽然学历不高，但是却有一技之长；有的人虽然没有创造出值得书写的功绩，但是却拥有一往无前、绝不言弃的品质。正确看待别人的长处，学会欣赏他人的闪光点，有利于摆正内心的天平，培养谦逊的气质。

命运之路，荆棘丛生，陷阱密布。人生，不仅需要勇敢、坚强和高明的处世策略，还需要谦逊、谨慎的处世态度。这种处世态度使人能够灵活机智地应对人情世故，在人际关系中如鱼得水，游刃有余。

第四节 04 一诺千金：打好立身处世的基石

子曰："与朋友交，言而有信。"自古以来，诚实守信一直都是做人最重要的道德品质，也是社会交往最根本的道德规范。人与人交往，守信是最基本的原则。国无信不强，人无信不立。失去了信用，也就失去了你在他人心中存在的价值。失信之人，人必戒之。作为儒家"五常"思想中最重要的"信"，不分地域、不论时间，早已渗透在人类社会中的各个方面。《周易》有云："人之所助者，信也。"君子信誉在外，不欺诳他人，则人人乐于助之。

一言既出，驷马难追。一个人的承诺，言而有信，这一点品质是为人之根本。我相信大家在生活和工作当中，都遇到过承诺

兑现或未兑现的事情。承诺兑现，皆大欢喜，关系更进一步；承诺未兑现，关系一定会有折损。现在国学课程越来越盛行，这是一种非常好的势头，因为古人的智慧值得每一个人去学习和探索。

守信，强大国业、家业的砝码

《史记》中记载了这样一段故事：春秋时期，有齐鲁二国。齐国势大，而鲁国势微。齐桓公带兵征讨鲁国时，一路长驱直入、势如破竹。鲁国兵微势弱，不敢轻易对战，鲁庄公只得下令防守，在距离都城五十里的位置封土为界。鲁国想求和，希望能够像齐国的附庸一样。并请见齐桓公，以求止戈。

鲁国有一名将叫曹沫，闻此消息进谏鲁庄公："主公是想要竭力出战而死，还是希望能够保住国家并活下来呢？"

鲁庄公询问其有何良策，曹沫说道："公若听吾之言，国土一定能够夺回甚至扩大，自身也能够得到安定，此谓生之又生；倘若不听吾之言，则国家灭亡、自身受辱，此乃死之又死。"庄公听完，同意了曹沫的想法。

于是第二天将要盟会之时，鲁庄公与齐桓公相会于坛上，曹沫随之。庄公与曹沫持剑而立，庄公依曹沫所言，待到桓公临近，左手紧紧抓住桓公，右手用剑抵着自己说："原本鲁国之都离边境至少有几百里，国都安全，国土辽阔，民心安定。而今国都离边境只有五十里，国家岌岌可危，民心惶惶，如此国家必要灭亡，而我也要受到丧国之辱，既然已经没有了生路，不如就让我死在这里。”桓公一惊，明白庄公走投无路，想要自尽。齐国大臣管仲、鲍叔牙欲上前救桓公于两难之中，曹沫持剑挺身而出，挡在两人前：“今两国君主相商，谁都不要上去打扰。”庄公又说：“请齐王以汶水为界，划分两国国界，不然的话我就死在这里。”管仲在下面说：“主公这样用土地保卫了君主，而不是用君主交换土地，您可以答应。”桓公听出庄公话外之意，借管仲之语保全了颜面，于是就答应了庄公的要求，跟鲁国订立了盟约。

齐桓公回国后还是不想履行把土地还给鲁国的盟约，管仲谏言：“鲁公表面订立盟约，实则是胁迫您，您却不知道，这已经失了聪明；您面临危难却只能听从鲁公要挟，这已经失了勇敢；如若再不履行盟约，岂不又失了诚信？用四百里土地树立君主的信誉，值得这么做。”

齐桓公明白了此中道理，履行了诺言，其严于守信的名声也在各国传颂，这也让齐桓公后来能够多次成功盟会各路诸侯，彼此匡扶，合纵联盟，使得齐国越来越强大。

一个家族如何能够盛行不衰？一个企业如何提升影响力？一个行业如何被人尊重？这都与诚实守信息息相关。尤其是生意人，如果在生意场上只会尔虞我诈，那么生意是做不长久的。生意人在生意场上靠的就是诚实守信，如果这个生意人道德高尚，那么

就有很多人愿意与他合作。企业与企业之间也是如此，如果相互能够诚实守信，那么彼此一定会相互支持，于是就能够长远发展。其实在小家庭当中又何尝不是如此呢？父母给孩子的承诺兑现了，孩子承诺父母的也完成了，这就是良好的家风。有诚实守信的家风，才能够让这个家族长盛不衰。

守信，为人立世的根本

《说文解字》对“信”的解释为：“信，诚也。从人，从言，会意。”程颐也说过：“以实之谓信。”如此看来，“信”不单单指人诚实守信，不说妄语，还要求人做事诚实可靠。

许慎说过：“诚，信也。信，诚也。”可见，诚与信在道德角度是具有相同含义的，诚信乃人道之本，追求诚信是做人不变的道理。

清代著名军事家蔡锷曾说过：“惟诚可以破天下之伪，惟实可以破天下之虚。”人心一真，便霜可飞、城可摧、金石可贯。人重诚信，则他人希望亲近，诚信树立了，虚假之言就能区分了。因此，守信不仅利人，还可利己。交友不信，则离散怨恨，不能相互亲近。

《左传·庄公八年》中有一段历史故事。公元前 698 年，齐僖公归天，襄公即位。此时，正当原春秋小霸主郑国国势下颓，走向衰落。齐襄公为了展示实力、巩固齐国地位，便联合了宋国、鲁国、陈国、蔡国四个小诸侯国出兵干预卫国内政，周王室出兵意图阻止齐国联军，结果大败而归。

周王室虽败，地位犹存，在整个东周依旧有着强大的影响力。齐襄公虽然内心并不敬王室，但此次出兵难免落人口实，又恐诸国群起而攻之，只得遣派军队驻扎在齐国西南边境，一个名曰葵丘的地方。

齐国有两位大夫，一个叫连称，一个叫管至父。襄公派大夫连称为将军，管至父为副将，带领军队驻守葵丘。二人临行前请见齐襄公："戍守边疆虽苦，但为臣者不敢推辞，但希望戍边能够有一个时限，主公想要我们戍守多久呢？"此时，齐襄公正巧在吃瓜，就答应二人："此时正是瓜熟之时，以一年为期，明年瓜熟之时定要换防，接回二位将军。"

一年已过，又逢瓜熟之际。二位将军在边疆不由生起思乡之心，心中揣测："到了与主公约定的时间，主公为何还不派人接替我们。"连称二人差遣心腹回国都打探情况，得知主公不理朝政，整天寻欢作乐，二位将军十分气愤，但为人臣敢怒而不敢言。于是派人向齐襄公献上成熟之瓜，以求主公能够想起去年之约。齐襄公看到瓜顿时大怒："换防与否由我所定，你二人今年继续戍守边疆。"

连称与管至父也很愤怒，堂堂一国之主怎可戏言，便联络了一直想要篡位的齐襄公堂弟公孙无知一起密谋造反，连称恰巧有一个妹妹是齐襄公的偏妃，因常年不得宠而心生怨气，于是向三人提供了宫内消息。三人领兵杀入王宫，除掉齐襄公，立公孙无知为新王。

俗话说："人背信则名不达。"齐襄公贵为一国之主，一代军事强人，只因出尔反尔，失去了将士的拥护，不仅丢了性命，还葬送了江山社稷。故内不欺己，外不欺人，是为信。以信称之，则天下人莫不敢助。《左传》有言："信，国之宝也。"孔子的治国之道中有三个重点，一曰足食，二曰足兵，三曰民信。孔子称："去兵、去食，不可去信。"正如后世王安石所言："自古驱民在信诚，一言为重百金轻。"

西晋大家傅玄有云："祸莫大于无信。"执政者不讲信用，则百姓就会加以指责、国家不得安宁；为官者不讲信用，则其他人不讲规矩、地位高的人和地位低的人就会互相瞧不起；交友不讲信用，则会相互怨恨，不能亲近。守信对于修身、齐家、交友、治国都是不可或缺的美德。无信之人，人不信其言。想要让别人相信，就要做一个守信之人。信者，言而有据，才能让人信任；失信者，常常妄言，所以容易招致怨恨。

诚信作为立身处世的基石，是人们都希望看到的。与人交往，皆要诚信。同心相知，友谊才能长久。当面说一套，背后做一套，关系迟早要破裂，且恶名必传于外。交往双方都讲诚信，则友谊不会因流言而动摇，也不会因偶然之事而猜忌。人与人的交流依赖的是言行，人诚，则言而有信；言信，则行而有信。待人处事以信为本，就会得到人们的信赖。自尊者人尊之，自敬者人敬之，自信者人信之，这是人际交往的必然规律。

守信，与人交好的法则

秦时，商鞅为变法，取信于民，立木为信。人说话做事要诚实、有信誉。具备了这一特质，才会让人觉得你胸怀坦荡，诚实可信。无信之人，就算以三寸不烂之舌骗得他人信任也不会长久。说得天花乱坠却不做，只会更让人厌恶。孔子说过："始吾于人也，听其言而信其行；今吾于人也，听其言而观其行。"一个有道德的人，以己之信度人之信，自己诚信故而也相信别人的诚信。然而，人并不都是言而有信、言行一致的，因此要听其言而观其行。真正的诚信要经得起时间的考验，长于言而短于行，则人人疏之。**再多的承诺，如果不兑现也终究是一句句空话，空谈智慧让人心生厌恶，远远不如实际行动让人心里感到舒服。**

《淮南子》云："马先驯而后求良，人先信而后求能。"评定一个人是否值得相交，先看是否诚信，后看才华如何。诚信立起，德行天下。信用不是财富，胜似财富。守信，往往能够获得比财富更多、更珍贵的东西——尊重、信任、机会、力量、成功……

德国诗人海涅说："生命不可能从谎言中开出灿烂的鲜花。"一谎既出，百谎难圆。人际交往，切莫妄言。需知，谎言终究要破灭，真相总会水落石出。即便他人别有用心，也不必坏了自己的原则。说话就要说实话，办事就要办实事，不能该说实话的时候去欺诳他人，保持沉默并不会影响诚实的品格。《中庸》中讲到："诚者，物之终始，不诚无物。"只有至诚之人，才能实现自我，在别人心中才有价值，是故唯天下至诚，为能尽其性。以诚处世，则人如磐石，不可动摇，坚守诚信为本，让诚信成为一种习惯。

一个诚实守信的人如果在生意场上失败了，你要相信一定会东山再起，因为会有大量的诚实守信、志同道合的人帮助你。一个不诚实守信的人在生意场上失败了，你可以想象会有人帮他吗？个人是如此，那么企业、家族更是如此。不诚信的人，他的口才再好，表达再精彩，语言再优美，都很难站稳脚跟。不诚信的人所说的语言听起来很美，实则令人不舒服。不诚信的人站在舞台上侃侃而谈，下面的听众也一定是心不在焉。所以口才好只是一种表面的形式，而真正的内在核心就是一个人要有立足之本、以诚信为本。

第五节 05 秉节持重：交际不能违背原则

一枚铜钱，写尽人生，老祖宗的大智慧都藏在这一枚铜钱中。铜钱外圆内方，做人也当如此。外圆指的是处世的圆滑与机智，灵活处事方能如鱼得水；内方指的就是做人的原则，为人有棱有角才不会被世俗改变形状。所以说，外圆能够减少阻力，是处事的方法；内方能够保持本真，是为人的实质。

真正做到“内方外圆”这一点其实是需要修炼的，一个人的内在要方方正正，守得住底线。如果一个人讲话太方正，那么也是会得罪很多人的，同时也容易影响他的事业和生活，因此“内方外圆”有一个“圆”，这个“圆”可以用在语言上。如果我们

的语言圆润，没有太多的棱棱角角去伤害别人，真正做到了“内方外圆”，那么任何事情就会顺利很多。

一个人就算八面玲珑、圆滑透顶，但自身没有原则，必然让他人心存戒备、处处提防。人好比是水，水清而无常形，把水注入容器中，容器是圆的，水就是圆的；容器是方的，水就是方的。做人要懂得变通、见机行事，但不要改变自己的形状，不要违背了自身的原则。

坚守本心的原则

《元史・许衡传》中记载，宋元之际，世道纷乱。鲁斋先生许衡出门在外，恰逢天气炎热，感到口渴难耐。正好路边有一梨树，行人都去摘梨解渴，只有许衡不为所动。有行人问许衡：“你怎么不去摘些梨来解渴呢？”许衡回答：“不是自己的梨，怎能乱摘呢？”行人嗤之：“今世道纷乱，是谁的梨又能如何呢？也许主人早已经不在了。”许衡道：“梨虽没有主人，但我心有主。别人丢失的东西，即便是一丝一毫不合乎道义的做法都是不能接受的。庭院中的果树成熟，果实落在地上，有教养的小孩路过，却目不斜视而离去，这就是原则。”

后元世祖欲以许衡为相，许衡称自己有病辞谢了。许衡逝世后，四方皆有学士前来悼念，皇帝也追谥“文正”。

他人之物，毋妄取之，此乃许衡之原则。何为“吾心独无主”，实乃恪守原则，无论处于何种境地，自己的原则都不能够更改。

正如《礼记》所言：“君子不食嗟来之食。”做人要有不可侵犯的底线，是非明辨，曲直在心。刚易折，柔易曲，宁向直中取，不向曲中求。交际之道也是如此，很多时候对方希望得到你的肯定，乐于见到你去迎合，但君子有所为而有所不为，要不失本心。

更多时候，人们可以在坚守原则的同时，巧用智计达成目的，这样既不致难堪，又能保持本心。

世界顶级投资家、企业家瑞·达利欧在《原则》一书中提到：“原则是根本性的真理，它构成了行动的基础，通过行动让你实现生命中的愿望。原则可以不断地被应用于类似的情况，以帮助你实现目标。”这句话是瑞·达利欧从其丰富的阅历中提炼出来的，也受到了比尔·盖茨的极力推崇。

瑞·达利欧通过自身的经验告诉我们：原则是我们生命中非常重要的东西，它不仅可以让我们的行动具有更高的效益，还可以让我们距离目标越来越近。

兼济“方圆”的智慧

《资治通鉴》中有这样一段历史：自赵襄子、魏桓子、韩康子三家分晋后，赵氏获利最多，盘踞中原大地，而魏、韩两家受益较少。魏国被逼无奈，只得偏安一隅，据守在原晋国西南一带，与强国赵氏接壤，国势凶险。魏国一直企图打破封锁，魏文侯于公元前408年派遣乐羊率军征战中山国，终于在公元前406年占领中山，时文侯长子已过加冠之年，遂封中山君，坐守中山。

会功宴，魏王召群臣于殿上，问：“诸君请言，我是不是一个好主公呢？”群臣善察言观色，皆回道：“陛下乃一代明君。”魏王欣然。重臣任座却道：“陛下实乃昏君。”魏王道：“这是为什么？”任座说：“大王命将军攻下了城池，却没有按照功劳分封给将军，而是分封给了您的儿子，怎么能说自己是明君呢？”

魏王大怒，当即便要处罚任座。又问大臣翟璜：“你说我是不是明君？”翟璜说：“陛下实乃明君。”魏王又问：“何以见得？”翟璜回答：“自古国君贤明，则必有贤臣直言，先前任座的话当是直言，那您必定就是贤明的国君。”魏王听罢，当即明了，遂免任座之罪，又犒赏了将军。

翟璜与任座同为重臣，二人皆能明辨是非曲直、尽人臣之责、匡德行之义。群臣只是所谓的“墙头草”，只“圆”不“方”，没有原则立场，实乃世故小人，是故不能长久。而任座只“方”而不“圆”，坚持自我，但予人难堪，差点招致杀身之祸。翟璜才是真正的内“方”而外“圆”，既表明了自己坚定的立场，又让君王不失颜面，还保全了同僚，这才是真正的君子之行。

再来看另一个故事。

西汉末年天灾不断，国势由盛而衰，长年穷兵黩武使得国家贫穷，人民疲乏。光武帝建立东汉王朝后，决定休养生息、减轻税负、释放奴隶，并且减少官差数量，东汉经济得到了初步恢复。作为东汉的开国之君，光武帝深知打天下要靠物力，守天下要靠法度。但当时的法度多是用来威慑百姓，很难对一些达官贵人产生约束。

光武帝的姐姐湖阳公主，其人飞扬跋扈、横行无忌，皆因其弟为当今天子，故其奴仆也无视法纪。湖阳公主家有一奴仆仗势行凶杀了人，躲进公主府内不出，当时的洛阳县令名叫董宣，为人刚正不阿，势要治此人之罪，于是每日派人守于公主府外。一日，湖阳公主外出，罪仆与其同游，董宣得到了消息当即带着衙役赶去，拦住了公主的马车。湖阳公主大怒："好大的胆子，竟敢阻拦公主的马车！"董宣不为所动，当面宣布其奴仆的罪责，并指责公主管教无方，并且不顾公主的阻拦，吩咐衙役逮捕凶手。

湖阳公主十分生气，于是进宫向光武帝哭诉，光武帝碍于公主颜面，又需顾及皇室威严，于是召董宣进宫，并吩咐侍卫当着公主的面责罚董宣，替公主出头。董宣面见圣上，得知原因当即表示："陛下以德行圣明而复兴大汉，却放纵家奴行凶，这样如何治理天下？臣忧大汉之江山，患百姓之社稷，不用陛下处罚，臣请求自尽于此。"话毕，以头触柱。光武帝心中虽慨然，但仍命宦官扶起董宣，让其磕头赔罪，董宣誓死不从，武帝怒气已消，就敕封董宣为强项令，并放了董宣。事后，光武帝又借机封赏董宣三十万钱，董宣却把这些钱分给手下众官吏，以此严法。从此，京城众多权贵再也不敢以身试法，称其“卧虎”。

实践出真知，我希望每一个人在学到知识之后，能够去践行它。既要做知识的吸收者，更要做知识的践行者，讲究知行合一、言行一致、表里如一。

第六节 06 谈笑风生：要有从容不迫的气度

“走得太慢，花以颓败。走得太快，花还未开。不快不慢，从容不迫，才是我想遇到你的样子。”

谋圣鬼谷子说：“人生有四项必须完成的修炼，有才情、有格局、有境界、有气度。”

所谓气度，就是修习气节与度量，其意有二：一是不为穷变节，不为贱易志。二是如人谤我，与其争辩，不如容纳；人之所辱，与其防备，不如化解。气度是一个人修养的体现，常言道：“海纳百川，有容乃大。壁立千仞，无欲则刚。”能容常人之所不能，是一种博大的情怀，正所谓“拿得起放得下”。“放不下”就是境界未到，还有太多的牵挂、欲望、奢求。从另一个角度来说，气度也是一种情怀，让人能够敬仰生命、仰望人生、历久弥新。

放大格局，成就他人

君子以德行天下。好的品行能够提升自我魅力，也更容易获得人们的好感。俗话说："恶人胆大，小人气大，君子量大。"人的两种力量最有魅力，一是人格的力量，二是思想的力量。在人际交往中，展示你的气度无疑能够为你在他人心中加分，没有人喜欢同一个斤斤计较的人建立友谊。

企业之所以大，是因为格局大，人与人之间的和谐交往大多是因为理解和包容。我们身边有时会有"小人"——没有眼界，没有远见，永远只想着自己那点私心的人。

彰显气度，方显从容

我们常说做人要大气，何为大气？大气是一个人做人做事的风格，是一种态度，是一种气质，是一种气度，也是一个人综合素质向外发散的一种无形的力量。这种气度能够纳百川、怀日月，让自己能够从容大方、自然天成、胸有成竹，让他人能够如沐春风，使得彼此能够宁静和谐。

在《世说新语》中有这样两则故事。一是夏侯玄曾经靠在一根柱子上写信，当时天正下着大雨。突然一个闪电劈到柱子上，夏侯玄的衣服都被烧焦了，但他神色不变，继续倚着柱子写信，而一旁的宾客和随从却全都吓得站不稳脚，跌倒在地。二是谢安隐居在东山的时候，和孙绰（即孙兴公）等人乘船出海游玩。突然，风起浪涌，孙绰、王羲之等人全都神色慌张，高喊着回去。谢安兴致正浓，吟啸不语。船夫见谢安神情愉悦安闲，便继续向海中划去。不久之后，风浪变大，众人全都坐不住了，都在不停地喧哗。谢安这才徐徐地说："那么，我们难道要回去吗？"众人立即回应点头，船夫随即掉头往回划。根据这件事审视谢安的气量，说明他的气量足以镇守朝廷内外。

夏侯玄衣服都被烧焦了还能镇定自若，谢安面对风浪还悠然自得，实在是"泰山崩于前而色不变"，彰显了他们卓尔不凡的气度，遇到突发境况，丝毫不受干扰，只专注于眼前的事。沧海横流，方显英雄本色。

《庄子》中有这样一段故事，戴晋人对梁惠王说："您知道有一种名叫蜗牛的小动物吗？"梁惠王答道："知道。"戴晋人又说："蜗牛的触角上有两个国家，左触角上的叫作触国，右触角上的叫作蛮国。这两个国家经常为争夺地盘而发生战争，每次战争后，都是横尸遍野、流血漂橹，胜利的国家追赶失败的军队常常要十多天才能回来。"梁惠王嗤之："这都是你的胡言乱语而已。"戴晋人说："您的想象在无比广阔的宇宙中可有边界？"答曰：

“没有。”戴晋人又言：“您的想象在宇宙中可以任意驰骋，而一旦回到现实中，您的国土再广阔也只能是受限于四海九州。拿现实的有限和想象的无穷来对比，岂不是若有若无，微不足道吗？四通八达的各国之间有个魏国，魏国之中又有个梁邑，梁邑之中有个君王。这个君王和蛮氏相比，有没有分别呢？”

戴晋人通过蜗牛的触角让梁惠王知道：在大千世界中，我们都很渺小，争来争去也只是蜗角之利，养成从容不迫的气度，才能更加珍惜生命，珍惜这个世界。

《庄子·逍遥游》中有这样一句话：“朝菌不知晦朔，蟪蛄不知春秋，此小年也。楚之南有冥灵者，以五百岁为春，五百岁为秋；上古有大椿者，以八千岁为春，八千岁为秋，此大年也。”要知道宇宙之大，真理无穷，仅看到眼前的蝇头小利，是成不了大事的。冯友兰说人生有四种境界：自然境界、功利境界、道德境界、天地境界。有量之人当如庄子，其已然处在天地境界，或更超脱。

苏洵在《权书·心术》中有言：“为将之道，当先治心。泰山崩于前而色不变，麋鹿兴于左而目不瞬，然后可以制利害，可以待敌。”

人的这种从容不迫的气度当从对人、对事、对己三方面来体现。

第一，对人宽容。待人要热情大度、胸怀宽广，无须斤斤计较。

《燕山夜话·涵养》中言："君子要忍人之所不能忍，容人之所不能容，处人之所不能处。"历史上凡有所成者，必有宽宏大量的气度，能够以诚待人、不计前嫌，从而化敌为友。

第二，对事超脱。人的一生有很多麻烦，若深陷其中必将难以自拔。猝不及防的打击，始料未及的挫折，从天而降的好处，唾手可得的利益，随时有可能发生。事无大小，毋放心上。无论好事还是坏事，莫要在意。切莫一见好事就喜形于色，兴奋得不得了，让人感到浮夸；一遇坏事就愁眉苦脸，如霜打的茄子一般蔫头耷脑。遇事不敢担当，不够从容的话，怎么能成大器？

第三，对己豁达。不论他人待我如何不好，都应豁达以对，淡然处之。人这一生很少有人会在乎你怎么看他人，更多的是你怎么看待自己。在现在这个纷扰的时代，身边的人或事无时无刻不在对自己造成伤害，若锱铢必较，定会心力交瘁。只有以气吞山河的胸襟无视这些干扰，人才能活得潇洒、乐观。当别人拿浅薄挑战你的涵养时，能够做到厚德载物，雅量容人，屈己尊人，以德报怨。所谓"不以物喜，不以己悲"，说的就是这种境界。

冯梦龙说："事不三思终有悔，人能百忍自无忧。"气度决定高度，纵观古今中外，古之所谓豪杰之士者，必有过人之节，人情有所不能忍。气度是一个人大智大勇的体现，有大度量的人总能够不为琐事分心，在纷杂的世间才能够不费心劳神，集中精力。常言道："忍者无敌。"古之有大成者莫不能忍，也都将忍奉为人生圭臬，淡然不是冷漠，忍让也非懦弱，气度其实是一种更强的力量，这种力量往往能够后发制人，扭转乾坤。

鲁迅说过：“度尽劫波兄弟在，相逢一笑泯恩仇。”人生在世，原谅一些该原谅的事，该忘记的忘记，该包容的包容。不仅要善待他人，也要善待自己。否则累了自己，苦了别人。大气的人，不是没有人情味，而是世事洞明，人情练达。知进退，懂人心，如遇险阻，一笑置之，事过心不留，不让污浊侵蚀内心，才能让自身永远一尘不染。不自卑、不倨傲、温柔敦厚、不失纯真；气定神闲、稳如泰山、深沉如山、透彻如水。能够透过现象准确把握事物的本质，不固执、不迷失、恬淡自省，俯仰无愧，得一份大自在、大欢喜。

海纳百川，有容乃大。无论是个人还是企业，都应该以包容大海的胸怀去包容人、事、物。人非圣贤孰能无过。如果在生活当中斤斤计较，你就会发现心里难受的是你自己，失衡的也是你自己的心态。其实很多事情当你看开了，当你放大自己的格局，当你站在历史的长河中去观看，当你站在珠穆朗玛峰的山巅去观看时，其实一切都很渺小。很多事情发生的时候，你当时看是很大事，但当你过了一段时间再回头看，发现其实原来并不值得一提。在山巅观看世间万物，一切都尽在眼中，而这一切却也只是零零散散、星星点点。今天很多人会因为家庭关系、两性关系产生很多矛盾，制造很多不愉快的事情，这种不愉快就会导致家庭的分裂，我们

何不冷静下来理性地思考和对待呢？很多的事情其实我们心里都明白，道理也懂，可就是忍不住。而气度非凡的人，心胸就会更宽广，产生的矛盾也就更少。

六组惠能大师曾说："菩提本无树，明镜亦非台，本来无一物，何处惹尘埃。"心若明镜，则不惹尘埃，才能逍遥于天地之间，处浊世而不污。持有这种心态才能够世事由心，进退自如。

第 2 章

刚柔并济：掌握交际主动权

在沟通中只有掌握主动权才能最终达到说服对方的目的，让每一次交流都变成有效的沟通。想办法在沟通中引导对方，并将话题朝着自己希望的方向引导，才是获得主动权的关键。

第一节 01 以退为进：在和谐的气氛中达成目标

手把青秧插满田，低头便见水中天。

心地清净方为道，退步原来是向前。

——布袋和尚《插秧偈》

退，是进的另一种姿态，也是从容豁达的处世智慧。待人宽三分是智，处世让一步为高。退是巧妙的进，一味地“进”只会让自己疲于奔命，造成对方的不满甚至反击。有些人总是什么都要争，争来争去，争到了却累了自己，苦了他人；争不到又人财两失，恐遭非议。所谓“临事人让一步，自有余地；临财放宽一分，自有余味。”人生有欲，欲而不止则争，争则乱。获益的方式有多种，不必抵死相争，退而能得，何必携欲而争？

退是一种保全

晚清四大名臣之一曾国藩深谙进退之道。当时的清政府，内有太平天国作乱，外有列强欺压。曾国藩一边安抚列强，使之不敢妄动；另一边平定太平天国，时居天下第一功，一时间声威并盛。然而他深知自己正处于风口浪尖，容易遭到朝廷的猜忌和群臣的妒忌。于是曾国藩急流勇退，交出手中各种大权，让群臣中善有诽谤者皆哑口无言，朝廷也欣赏其品行，继续委以重任，乃至加封。

曾国藩这一退，不但保全了自己，还能更进一步。看似退让，又何尝不是一种进呢？老子说过："夫唯不争，故天下莫能与之争。"潮有涨则有退，日有升则有落，月有盈则有缺，天地万物皆有进有退。是故只进必退，有退方能进。水满则溢，人处高则不胜寒。人情反复，道阻且长，至无路可行处，退一步方能柳暗花明。

三国时期，诸葛亮征调举国之力北上伐魏。当时魏国虽人才众多，但难有与诸葛亮抗衡者，魏帝曹叡只得命司马懿为大都督领军迎战。司马懿深知诸葛亮擅长奇门遁甲术，排兵布阵莫有敌手，而自身临时上任，手下兵将常有不信服者，若是两军对垒恐难逃一败。

连续几次交锋，魏军果真不敌，尤其上方谷一战，魏军大受损失。司马懿深知蜀国擅长以战养战，再打下去恐怕要被逐渐蚕食，于是开始坚守，紧闭城门而不出，任蜀军如何叫阵都不迎战。蜀国当时内部看似一团和气，实则暗潮汹涌。不说朝内之臣各有心思，争吵不断，单是益州、荆州、东周就分属不同阵营。诸葛亮出军北伐一方面能够实现先帝遗志，另一方面能够缓解蜀国内部矛盾。加之蜀国人口稀少，粮草不足，一旦打起消耗战，军力愈发不足。

诸葛亮深知己方状况，于是又出一计：他找来一套女人的衣服，放入一个大盒子里，并修书一封，连夜送至魏国军帐中。信中言："仲达你身为一代大将，有勇有谋，统率着中原强大的兵马，不思征战沙场，披坚执锐，跟我一决雌雄，居然守着老巢拒绝出兵，不敢应战，与妇人有什么区别？如今我派人送你一套女子素衣，你如果再不应战，就接受这件礼物，穿上素衣。倘若你尚有羞耻之心，还有作为一个男人的胸襟，就速速回信，如约定之期赴敌。"此番话语甚是羞辱，当时社会男尊女卑，更是如此。然而，司马懿虽心中大怒，依旧装笑："孔明居然把我当成了女人！"收下了衣服，依旧按兵不动，并说："诸葛孔明食少事烦，其能久乎？"魏军有将士嘲笑司马懿："见木像魏都督丧胆。"耗到了最后，诸葛亮常年操劳，身体不支，病死于军中。司马懿得知后终于出手，收复失地，击退了没有诸葛亮的蜀军。

司马懿自知蜀军强势，若进必败，退而未进，难题自解。退只是一种手段，进才是目的，看似是退，实则是进。世人皆知，两点之间直线最短，但只走直线恐怕会挡住别人的路，因此当以迂为直，既达到了目的，也能够保全他人，这样才能名利兼收。

退是胸怀和胆识

西汉丞相公孙弘年轻时家里贫穷，后来即便贵为丞相，但生活依然保持着俭朴的作风，吃饭时只有一个荤菜，睡觉也只盖普通棉被。就因为这样，招致了其他大臣的不满，大臣汲黯就带头向汉武帝参了公孙弘一本，批评他位列三公，俸禄不菲，却只盖普通棉被，根本就是沽名钓誉，目的大概就是为了骗取俭朴清廉的美名。

汉武帝召见公孙弘，问他："汲黯所说的可属实？"公孙弘自知处境，若强行辩解恐怕不但会引得皇帝的不满，还要得罪众多大臣，就说："汲黯说得一点没错。在满朝大臣中，他与我交情最好，也最了解我。今天他当着众人的面指责我，正是切中了我的要害。我位列三公而只盖棉被，生活水准和普通百姓一样，确实是故意装得清廉以沽名钓誉。如果不是汲黯忠心耿耿，陛下怎么会听到对我的这种批评呢？"汉武帝听了公孙弘的这一番话，深感公孙弘之胸襟，更加赞赏他的品行了。

公孙弘面对汲黯的指责和汉武帝的询问，一句也不辩解，并全都承认，这种智慧和胆识实乃常人所不能及。汲黯指责他"使诈以沽名钓誉”，无论他如何辩解，旁观者都已先入为主地认为他也许在继续“使诈”。公孙弘深知这个指责的分量，采取了十分高明的一招——不作任何辩解，承认自己沽名钓誉。向大家证明自己不是善于诡辩之人，不会使诈。这在无形之中为自己洗脱了罪名，还让汲黯无从反驳，更是通过赞赏对方向皇帝表明了自己的忠心，一箭三雕。这样一来，便给皇帝及同僚们这样的印象：公孙弘确实是“宰相肚里能撑船”。

以退为进绝对是为人处世不可缺少的大智慧。这一手段在处于公关职位上的人身上体现得淋漓尽致。作为一个公关人，代表的是企业或集团，无论是在团队内部还是在合作伙伴一方，受到的关注度都是十分高的。而人多嘴杂，难免招致非议，甚至还会有人把一些莫须有的“帽子”扣在你的头上。倘若强辩，反而让人觉得你心中有鬼，哪怕说清了也会让人觉得做作。对没有的事情不置可否，事情终会有水落石出的一天，那时候不是可以得到更多人的尊敬吗？有什么小错就算承认了也没什么大不了，勇于承认错误更易得到大家的谅解，反而会觉得你人格高尚，而且一个光明磊落的人即使错又能错到哪里去呢？以退为进，方能不战而屈人之兵。

汉朝谋士陈平深谙此道，刘邦驾崩后，吕后专权，朝中大臣皆是吕后亲信，陈平虽高居左丞相之位，但他知道凭自己现在的力量，如果与吕后硬碰硬必然是死路一条。于是他委曲求全，表面上支持吕后，哪怕吕后后来封吕氏族人为王也未表现出丝毫反对，违心地表示赞同。后又升为右丞相，当得知当时左丞相审食其是吕后身边的红人后，主动不理政务，整天吃喝玩乐，不问朝政，将权力放给审食其，这才躲过一次次杀身之祸。终于等到吕后去世，陈平联合周勃等人诛灭吕族，恢复了刘姓王朝。

常年钓鱼的人都知道，大鱼上钩后不能生拉硬拽，一味拉线只会让鱼线绷断，不仅失去了鱼，还损坏了钓竿。老钓者都会往回拉一段距离，如果遭到大力的抵抗就稍稍往外放一段线，这样才能慢慢把鱼钓到手。

雪松遇到大雪，就弯下枝叶，待到春天，依旧挺直；海鸥遇到暴雨，躲在海面，风雨过后，依旧高飞。它们都学会了“低头”，因而它们的生命又获得了一次机会。从表面上看，低头是为了苟且偷生，是懦弱、无能的表现，是屈服于他人，是没有骨气，但这恰恰是以退为进，是人生智慧，是真正意义上的坚韧。韧，是能屈能伸，能刚毅亦能柔弱，能顽强不屈亦能忍辱负重。后退一步，是为了韬光养晦，也是为了到前方去看更美的天空。

第二节

02

勇于担当：欲成大事先承其重

列夫·托尔斯泰曾经说过："一个人若是没有热情，他将一事无成，而热情的基点正是责任心。"

在日常生活中，我们总是听到各种各样的借口。其实，对于任何事情，只要我们有心去找，一定会找到各种借口。但是在找借口的过程中我们也浪费了宝贵的时间和精力。在努力寻找借口的同时，也忘记了自己应该承担的责任和职责。

成熟的第一步是要勇于承担责任。我们应直面人生，自己对自己负责。大声告诉自己，别找任何借口，勇于承担责任才能有所为，真正体现人生价值。没有责任就没有压力，没有压力就没有动力，勇于承担责任，可以考验一个人的能力，也可以激励个人发挥自身作用。

俗话说："一个人能承担多大的责任，就能取得多大的成功。"做人，要做一个有担当的人，在事情没来的时候不害怕，在事情来了的时候不退缩。勇于担当既可以让自己遇事不惊，也可以让别人心境安稳。有担当的人，在小事上能做到不在意，在大事上能做到不慌张，如此定能成就大事。

担当是宽广的胸怀

西汉名将霍去病为人少言寡语，有气魄，敢作敢为，一直以平天下为己任。他十八岁第一次从军就带领一个小分队奇袭匈奴的大本营，杀死匈奴单于的爷爷，俘虏了匈奴的相国和单于的叔父，勇冠三军，被封为冠军侯。后来霍去病屡立战功，横越大漠，前进两千余里，大破匈奴左贤王的军队，一直追到狼居胥山下，并举行宏大的祭天仪式，立碑为念。

此役匈奴大受打击，浑邪王投降汉朝，从此匈奴分为南北两支，再也没有能力对汉朝进行大规模的侵略。当日霍去病大胜归来，汉武帝为他建造房舍，霍去病坚辞不就，说："匈奴未灭，何以家为？"汉武帝大为感动。

虽天妒英才，霍去病只在历史舞台上活跃了六七年，但是他却留下了不朽的功绩。他十八岁从军，二十四岁病逝。汉武帝为了哀悼他，命令军队穿上黑色的衣服，组成“玄甲军”，列队从长安一直排到茂陵。为霍去病修建的坟墓，高大巍峨，形似祁连山，可见霍去病在汉武帝心中的地位。霍去病大大减轻了汉朝边境的威胁，为国家、为民族去了心腹大患，担起了“去病”二字，不负盖世名将。**一个人所承受的重量、所展现出来的人生价值不是用时间来衡量的，即使霍去病将军英年早逝，但是他的卓越功绩被后世传扬多年。**

人活着，就要承担责任。每个人的一生都是他自己经营出来的，因此人生的信仰就是责任。对弱者来说，责任是沉重的字眼；对强者而言，责任是伟大的品格。人生价值有大有小，责任是处于最顶端的价值。人生所有的履历都必须排在勇于负责的精神之后。

危难当头、紧要关口挺身而出，勇于担当，是一种睿智，是一种坚定，是一种宽广胸怀和至高境界。“挽狂澜于既倒，扶大厦之将倾”，是担当危难的生动写照；“沧海横流，方显英雄本色”，是对担当危难的真情赞美。一力承担，方显大丈夫本色。

担当是诚实与坦诚

曾听过这样一段故事，一家公司有一个男员工叫小武，与其他男员工一样，他也很热爱足球。正逢欧洲世界杯，其间许多场球赛都是在北京时间凌晨直播的，很多员工都是看完球赛稍作休息就来上班，于是经常有人迟到。就算没迟到，上班也是无精打采。被问及原因时，大家都会找各种“正当”理由来搪塞。小武为人老实，为了不耽误工作，每次都是到家就睡觉，凌晨起床看球，因此很少迟到。

但常在河边走哪有不湿鞋，终于有一次小武也迟到了，经理问他为什么迟到，小武老实交代：“凌晨看球赛看得太入迷了，没有协调好休息时间，睡过头了。”经理对于员工为什么迟到心里也已经猜得八九不离十，听了小武的话感觉他还是很值得信任的。碰巧经理也爱好足球，小聊片刻就让小武离开了。此后不久，小武就升任经理助理了。

人在逃避责任的时候，也失去了承担责任的机会。承担责任需要有宽广的胸怀、充足的勇气，因为承担责任其实就是在承担风险。但责任向来都是和机会联系在一起的，责任承担得越多，获得发展的机会也就越多。要知道，方法永远比问题多。勇于承担责任，并且积极寻找解决问题的办法，这样的人，在他人看来不仅是位责任心强的人，而且是位勇者，是不可多得的人才，这样的人才会在芸芸众生中脱颖而出。

担当是危急时刻的挺身而出

2003年春，SARS病毒席卷了神州大地，当时已经74岁的军队医学专家、解放军 302 医院原专家组成员姜素椿，因年事已高，而且曾患癌症做过手术，医院领导要求他只在室外坐镇指导抗击“非典”。

姜素椿到治疗现场后更是感觉情况危急，必须要缓解，当即站了出来，以高度的责任感，始终站在抗击“非典”的第一线。在那些日子里，人们在病房、手术室总能看到这位老专家忙碌的身影。他连续参加对患者的诊断、治疗总结，经常忙得顾不上吃饭和睡觉。然而，由于长期的操劳，自身免疫力下降，他还是被感染了。姜素椿虽知保守治疗也有康复的可能，但想到遭受“非典”侵袭的广大同胞，于是他大胆建议，立即到广州采集“非典”康复后患者的血清，在自己身上进行试验。大家清楚，输注任何血制品都有一定的风险，尤其是这种从未在人体上实验过的血清。但在姜素椿的执意要求下，经医院紧急论证，于 2003 年，3 月 22 日，在姜素椿身上注射了这种血清。同时，医院配合其他药物进行治疗，姜素椿患病 23 天，就奇迹般康复出院了。姜素椿又回到工作岗位，为攻克、防治“非典”难题做贡献。

勇于担当是自我价值的体现。人的提升，在于能够适应更高的要求，担当更大的责任。一个人担当得越多，往往证明其价值越大。人在有担当中成长，在敢于担当中前行，担当是实现人的全面发展的必由之路。担当出勇气、出智慧、出力量，有担当才会迎难而上、锐意进取，个人的潜能才能得到充分发挥。如果遇事推诿、裹足不前，那么在逃避担当的同时，往往也错过了前进的机会。想有所建树，必须坚持有所担当，这是实现人生价值的重要法则。

担当是人格的核心特质之一，可以衍生出如信用、忠诚、自律、自强等许多有助于社会和个人发展的重要特质。人作为一个社会存在者，在其生存、发展的过程中，需要一种精神力量来支撑。担当道义、明志笃行是每个人都应当养成的一种情操和习惯。

第三节 03 将心比心：站在对方的立场思考

孔子曾言："己所不欲，勿施于人。"自己不愿意做的事，也不要强加于人。将心比心是世上难得的情感，它的核心就是"理解"。人都有自己的办事方法和思考习惯，站在对方的角度看待问题，并设身处地跟对方产生共情，就可有效避免社交麻烦、减少与人的矛盾，从而找到通往对方内心的大门，掌握人际交往的主动权。

目的性交际的第一步——摸准对方想法

亨利·福特曾分享过他的成功秘诀："假如有什么成功秘诀

的话，那就是设身处地为人着想，了解别人的态度和观点。”学会站在别人的角度思考问题，归根结底就是学会思他人所思、想他人所想，理清楚对方的思维脉络。

人们社交的目的各有不同，但沟通是“一个巴掌拍不响”的事，必须要对方配合。由此，就需要我们去琢磨对方的真实想法，再以其思考角度行事。这样做的作用在于使双方沟通顺畅，增强己方话语的说服力，最终顺利完成社交目的。

很多人擅长表达自己，但并不知晓怎样“度他人之腹”，做到这一点需要有一定的气量。经过观察发现，能在人际交往中占主动的人，大多擅长发言时将自己代入对方的角色，而后引导对方，这样的语言说出口更易被对方认同，成功率极高。

有一次，卡耐基需要租用一个大礼堂讲课，老板提出了高昂的租金。卡耐基希望得到优惠，于是和经理谈判：“当您给我报价后，我有点儿吃惊，不过这也能够理解。您是经理，工作的责任就是尽可能盈利。”卡耐基稍作停顿后又说：“我为您算了一笔账，我租用礼堂讲课，来到这里听课的人有着成千上万的资产，如果其中有人看好了这个地点，愿意租用礼堂作为舞会或晚会的场所，您可能会获得巨大的利润。但我负担不了这么昂贵的价格，只能取消课程，那么那些大客户也就不会来到这里，我的课就是给您打了‘活广告’，请您再细细斟酌一下。”

经理听了他的一番话，最后给出了最优惠的价格。

卡耐基知道，对方的想法和需求是“获利”。围绕这一点，他设身处地，站在经理的角度衡量利弊，刻意避开谈及自己的利益，使话语更有诚意。由此，经理很快就深信对方所言，认为卡耐基说的情况是对自己最有利的。

在生活中，己方弱势、希望获得他人的帮助时，可以先说出对方的顾虑，来迅速引起对方注意；然后设身处地，为对方思考，话语围绕对方的情况展开；最后，在不露声色之中将对方思路引入于己有利的方面，掌握行事的规律，最终达到目的。

迈出理解的第一步——为他人着想

先了解，才能理解，理解的前提就是“知彼”。有心帮助他人，就会不自觉地了解对方。当站在对方的角度说话时，就可快速传达出善意。这是一种先抛出橄榄枝的交际方式，让对方感到被关心、帮助，话语自然就易深入人心。

一个精密机械工厂要生产某种新产品，但因为产品零件多且量大，工厂无法全部完成工作，所以，就将一部分零件委托小工厂来制造。

当小工厂完成生产，将成品送到总厂时，却被告知零件全部不符合要求。此时，交货迫在眉睫，总厂负责人就要求小工厂重新制作。但小工厂负责人自认为完全是按照要求完成的，不肯重新制造，双方谁都不肯退让。

这时正在总厂检查工作的老板发现有大批零件没有运到，就询问事情原委。了解过前因后果，总厂老板沉吟半刻，便对小工厂负责人说："你们按照要求制作，却不能使用，应该是公司设计方面的问题，实在抱歉。也多亏你们，我们才能发现这样的问题，只是事到如今，交货时间越来越近，总要将成品完成，希望你们能帮助我们重新制作一批，让零件能够使用。"那位小工厂负责人听后便欣然应允了，开口说："这也不是什么大事，您别这么客气！"

事情已经发生，追究谁的责任并不能解决问题。在工作中，身兼各职的人彼此之间需要沟通和交流。同样的目的，不同的沟通角度会带来不一样的结果。双方都是为了解决问题，若能站在对方的角度说话，表现出对其的肯定和理解，再麻烦的事情对方也愿意配合。

有人会有疑问："怎么处理我不管，他的工作就是这样，让他去做不对吗？"话虽如此，可对方心怀埋怨、不满去工作，肯定没有心甘情愿时质量好。于他人而言，也容易给人留下不通情理的坏印象；相反，表现出对他人辛苦的尊重，体谅他人的同时也请求对方体谅自己，不仅会收获好的工作效果，还能树立善解人意的好形象。

把控互利交际的第一步——同理心

在交际中，站在对方的立场考虑问题，不代表要将对方的想法摆在明面上，以显示自己聪明，这样反而会引起他人的猜忌和警惕。成功的交际者，能做到“知而运于行，止于口”。也就是说，沿着对方的思维轨迹思考，不直接言明，行事上却直击重点。

每个人都有自己的意识和思想，也习惯于按照自己的思维行事。比如以自己的要求衡量别人，用自己的喜好定义事物。若是能抛开那些“从己出发”的处事方式，以对方的眼光看待万事万物，就会发现自己已经在不知不觉中转换心境，对方也会在你身上找到归属感和共鸣。

这是一件发生在20世纪初的事：英国伦敦一家珠宝店的业务员在接待顾客的过程中不慎将一颗价值连城的珍珠掉到了地上。她看到珠子滚落到一位女士的脚边后停下，但当她过去寻找时，珠子却不见了。她十分焦急，这颗珠子在她手中遗失，如果找不到，就要面临失业和终身背负巨额债务的后果。

通过观察分析，业务员确定那位匆匆要走的女士就是捡到珠子的人，对方身上散发着面包的香味，身上还穿着附近一家面包店的工作服，手中拎着一个儿童书包，看起来像是刚接了孩子放学。如果任她此时离开，说不定对方就会辞职，然后带着这颗名贵的珍珠离开，过上富裕的生活。

业务员快步拦住那位女士，声泪俱下地说："女士，在这样艰难的时期，找一份工作太难了，我家里还有女儿需要抚养，如果没了工作，背上债务，恐怕连她最喜欢的面包我都买不起了，我对不起我的女儿。"没头没尾的一段话，却让这位女士愣住了，她脸上闪过一丝羞愧，伸出手紧紧握住了业务员，而后夺门而出。业务员伸开手，手中出现了那颗遗失的珍珠。

业务员通过观察确定了"嫌疑人"，可是她没有直接逼对方拿出珠子，那无异于直接说明对方是贼。谁也不想被当众揭丑，况且对方就在附近工作，又何苦要闹得颜面无存。抱着体谅对方的心情，巧妙地利用了对方的"同理心"，寻找对方与自己的共同点去说，引发对方的同情心。对方自然也就"顺水推舟"，交还了珍珠。

在生活中，很多棘手的问题发生后，僵持不下或是闹得不可开交，都是源于双方缺少同理心所致。我们无法理解对方的错误行为，但却能尝试用宽厚的心态体谅别人的心情。哪怕错不在自己，也要试图站在对方的角度考虑。掌握了这一点，说话处事自然更有人情味，问题也很快就能解决。

自私的人是没有同理心的，他们常常以自我为中心，丝毫不顾及他人的感受，苛待他人、宽恕自己，时刻为自己的一言一行找理由。随着时间的推移，这种人自然会被排除出交际圈，而具有同理心的人则更容易左右逢源。

试问，知你心、为你忧的人谁能不喜欢？

站在对方的立场说话，固然是一种值得学习的谈话方式，但是这也需建立在对方可接受的范围内。强硬地打着“我为你好”的旗号，行己方便，反而会导致双方关系的破裂。我们所强调的“为他人着想”，是以利益共享为基础的，能为他人带来好处的建议或谈话，才是成功的。

将心比心，是种体贴、尊重他人的交际方式，在处理事情时有着“润物细无声”的作用。每个人的个性是独立的，很难让人无视差异，完全理解对方，但这并不妨碍我们在交际中尝试换位思考。也许“去看看对方的世界”，你会发现，对方跟你印象里的样子截然不同，由此豁然开朗，在突然间就找到了与之沟通的窍门。

第四节 04 寻求一致：巧妙寻找双方共同点

清代著名书画家恽格曾感叹：“群必求同，同群必相叫，相叫必于荒天古木，此画中所谓意也。”人生存于世，都渴望得到理解，渴望遇到志同道合之人，此乃人之常情。有句古语说得妙：“酒逢知己千杯少，话不投机半句多。”寻找双方共通之处作为话题，实乃一种迅速建立社交关系的好办法。

有人疑惑：“若是双方没有共同点怎么办？难不成面面相觑，互不作声吗？”

这一问题很好解答，虽然人各有不同，但仔细观察，一定有相似之处。例如，一位年薪千万的企业家和一位卖早点的摆摊商贩，二者看似八竿子打不着，若是二者皆有子女，就可谈论育儿；若是企业家喜欢商贩做的早点，就可谈论早点的做法。不能因为客观的差距，就认定双方毫无共同点，更不能否决二者交流的可能。

人对于和自己有“相似点”的人，会产生一种天然的亲近感。不管是相似的成长经历，还是相似的性格、爱好……这种“找相似”的习惯，在人际交往中体现得更明显。比如，人对于熟知的事物有更强烈的分享、谈论欲望；对待与自己受过相同苦难的人，态度更宽容。其实，很多时候，阻碍我们寻找共同点的原因就在于方法错误，如果用对了方法就会易如反掌地找到共同之处。

观察外在，寻找共同点

人们愿意参加“同好会”，主要原因是寻找志同道合之人。不管初识，还是熟稔，暂不谈双方关系亲近与否，遇到有共同喜好的人，都难免忍不住内心的雀跃，升起分享的欲望。人之所爱，想起便在心头涌出喜悦，谈话围绕这一方面展开，双方自然倍感愉悦。

面对陌生人，我们第一印象是“神秘”，对对方一无所知的感觉让我们无所适从，不知如何开口。此时，我们会将关注点聚焦在对方的外表、穿着或神情上，通过对外在的观察，搜集有关对方的信息，这也是我们初步了解对方的最直观方式。比如，对方的眼神时常看向一幅壁画，顺其目光看到这幅壁画，若是自己正好对此有所了解，就可将话题引向此画。或是一句“看您似乎对这幅壁画很感兴趣，我也非常喜欢这幅画作……”便可顺理成章地打开话题。

销售、服务行业的工作者，经常需要与陌生人打交道，他们观察外在寻找共同点的技能炉火纯青。一位销售经理与客户约定好在客户的办公室谈生意。进屋之后，销售经理看到客户的办公室布置得很古典，墙上挂着“天道酬勤”的壁挂，办公桌侧面是书架，上面满满当当放置了一排书籍，大多都是《论语》《道德经》《鬼谷子》《诗经》等中国古典文学，由此他判断这位客户喜爱古文书籍，是个有思想深度的人。于是在双方聊天的过程中，主动透露出自己喜爱读书，特别是一些中国古典文学。

客户一听，立即接上话题，二人畅聊古今名著，越说越精神，从书籍谈到做人，继而将话题延伸到生意。愉快的时光匆匆而过，可二人仍旧意犹未尽，于是又约定了一起去吃饭，边吃边谈，而生意也敲定了下来。

美国知名记者阿迪斯·怀特曼认为自己的交际秘诀在于：“世界上没有陌生人，只有还未认识的朋友。”同陌生人说话，最重要的是快速熟悉，打破僵硬的气氛。很多对方没透露的信息，都可在其行为、外表、眼神，甚至神情中表现出来，比如对方身穿带有蜘蛛侠图案的衬衫，钥匙挂饰是钢铁侠，手机壳图案是美国队长，我们就能判断出此人一定是一个“漫威迷”，聊天时就可以将话题引到漫威电影上。

由此可见，从陌生人身上找到共同点并不难，关键就在于要善于发现和观察。

浅显寒暄，确定切入点

陌生人就像“礼物盒”，不拆开包装，永远不知道里面有什么，让人好奇。简单的寒暄，就是“拆开包装”的过程，我们可以在寒暄中请教他人的姓名和职业，并适当介绍自己，给对方提供信息，由此找到双方的共同点，扩充话题。

具体而言，在和对方打招呼的过程中，可以适当询问对方的家乡、职业、年龄等个人信息，同时观察对方神情，避免因为某个问题而引起对方反感；也可将对方的信息和自己相比对，从而发现共同点；听对方的口音、判断其家乡，从对方的说话习惯和语气来分析他的性格特点，找到双方的共通之处。

寒暄时，主要以信息发掘为主，获得的信息越多，越能了解对方，也就更方便找寻双方之间的相似点。比如职业相同，就可以聊聊最近的行业发展形势；生活的城市相同，就可以聊聊城市的美食、名胜古迹等，任何信息都可作为一个可延伸的话题。

深入交流，搜寻共鸣点

不管对方的爱好和性格如何，双方总归会有相似点，找到了共同的话题之后，此时主导谈话的就是情绪了。情绪的起伏，会影响谈话的质量。因此，为了提升交际效率，迅速拉近双方的距离，在聊天过程中要尽量避免触碰对方的情感封闭区，针对对方的情感兴奋区开启话题。

具体而言，在找寻共同点时，主要目标是找到对方积极情绪的共同点，比如选择相似的愉快经历，绕过彼此不愉快的相似点；而后，深化这种共同情感，适当描述感受、心境，引起对方共鸣；接下来，将产生此种情感的相似事件作为谈话内容，无声无息地把细微的情感无限放大。

德国的实业家哈根想向银行贷款用于开发公寓，于是便拜访了银行经理肖夫曼。本来他是打算见到对方先自我介绍，然后说出自己的创业计划，但一走进肖夫曼的办公室，就看到室内显眼处摆放着一个有纪念签名的网球，他猛然记起，之前就了解过肖夫曼酷爱网球。同样身为网球爱好者的他，立即就推翻了自己的计划。

哈根见到肖夫曼的第一句话就是："肖夫曼经理，您好！今天温布尔敦网球赛停赛，我就估计在办公室准能找到您。"肖夫曼一听提到了自己喜爱的网球，便兴致勃勃地反问："哈哈，哈根先生对网球也有兴趣？”哈根连忙接话：“好汉不提当年勇。年轻时，我还参加过温网赛呢，可惜第一回合就被淘汰了。”肖夫曼顿时来了兴致：“原来您还是温网英雄啊！”说完便和对方谈论起网球，由网球技术说到网坛乐事、球星排名，双方相谈甚欢，意犹未尽。最终，临走之前，哈根提出了贷款一事，对方心情愉悦，大手一挥给出了利率优惠的协议。

哈根能够成功获得优惠条件贷款的原因在于，懂得寻找双方都感兴趣的共同点，提起这一话题能够给双方带来兴奋的情感共鸣，瞬间消除了彼此之间的心理屏障，不知不觉，双方的关系由陌生变为熟悉，亲近之后再谈业务，就不会尴尬，有了“人情”加持，业务自然顺畅。

找到了情感共鸣，就能在无形中消除对方的警戒心，刻意将彼此的相同点融入一个话题，就好像在本来陌生的两人之间牵了一条友谊线，突然彼此之间就有了千丝万缕的关联。人们一般都会对与自己相似的人格外关注，找共同点聊天，以加深对方对自己的印象。

“以势交者，势倾则绝；以利交者，利穷而散。”与人交往，志不同、道不和，则难以维持长久关系。因利益、权势结交，利散权倒，就是缘尽之时，想要立于交际的不败之地，就必须寻找到双方情感的羁绊点。

第3章

君子和而不流：把握好自己的态度

在人际交往中，沟通和表达都是非常重要的能力。在沟通中一定要注意自己说话的态度和方式，如果能够做到态度舒缓，平易近人，那么对方也会以相同的方式与你有效沟通。

第一节 01 说话客气：和气才能生财

《礼记·祭义》有言："恶言不出于口，忿言不反于身。"中国人为人处世历来讲求以和为贵、不与人交恶，因为语言是为人处世最直接的沟通方法。口出恶语，乃小人之行，必遭反噬；善言温语，乃君子之风，必成大事。

薛瑄在《读书录》中提到："与人言，宜和气从容。气忿则不平，色厉则取怨。"意在指明，待人处事要心平气和，声色内敛而雅行，再难说出口的话用恭顺、谦和的语言表述，也能提高他人的接受度。

和善的态度赢得信赖

俗话说："万事开头难。"与人为善，和能聚财。初次交往时，若能以和善的态度在对方心里赢得一个好印象，然后再提出合作或交往的请求就非常容易被对方接受了。

我国语言学家王力曾说："泼妇骂街往往口若悬河，走江湖卖膏药的人，更能口若悬河，然而我们并不承认他们会说话。"说话和气是一个人修养的体现，不仅要肢体语言温和，更要语言内容友好，以此方式结交他人，自然人脉畅通。

日常与人交谈，沉稳淡然、句句谦和之人，往往能快速赢得他人的信赖。"沉则定，和则顺。"仔细观察，略有不顺就大动干戈之人，易麻烦缠身，旁人怕引火烧身，自然不会与其多有往来，更别提合作甚至帮衬了；动则对他人嘲讽讥笑之人，品性有缺，出口狂傲，视他人为草芥，身边必没有真心以待的朋友，物以类聚，人以群分，小人环绕其左右，一朝有难必定墙倒众人推。

众所周知，美国第16任总统亚伯拉罕·林肯是一位成功的政治家、演说家，一生成就斐然，但他也有年少轻狂的时候。

在他青年时期，自视甚高，喜爱嘲弄别人，与人交往时紧盯别人缺点，由此讨厌他的人越来越多。后来，他辗转去春田市做律师，还是恶习难改，时常在报纸上发表文章讥讽、责难他的反对者。俗话说得好："恶人自有恶人收。"林肯很快自食恶果，他匿名在春田市报纸上发表了嘲讽政治家詹姆士·席尔斯的文章，这惹得席尔斯暴跳如雷，好斗又具有极强虚荣心的席尔斯立即向报社打听这篇文章的作者，他得到姓名后马不停蹄赶到了林肯的住所，向林肯提出决斗。林肯内心不愿，可又别无他法。占有身高优势的林肯选择用骑马、比剑一决胜负，并到西点军校接受了一段时间的突击训练，以应付密西西比河畔的决斗。

历经一番周折，双方都没得到好处，在双方监护人的调解下，决斗一事才得以解决。林肯终于吃了"嘴上不饶人"的苦头，痛定思痛，他改掉了处处为难他人、恶语出口的毛病。这件事是一个转折点，**从此，林肯不再刻薄，以宽广的胸襟接纳身边的人，以和善的态度处理身边的事，这使他被越来越多的人接纳并喜爱，在他走上政治舞台后，平步青云，并取得了辉煌的成就。**

林肯在青年时期，张狂而刻薄，浑身带着尖刺，随意伤害身边的人，因此即使能力出众，讨厌他的人也远远多过喜爱他的人。俗话说："多一个朋友多一条路，多一个敌人添一堵墙。"遍地树敌之人，道路越走越窄，很容易让自己陷入困境，最后无路可走。林肯认识到了这一点，痛改前非，与人为善，真诚待人，以"和"打开了政治的大门，最后走到了制高点。

和者，万事利，诸事顺。成大事者，皆有能容人的大肚量；奸猾之人才以小人之心度君子之腹。君子应以博爱的眼光看待他人，心清明，自然言语温和，态度雅善，坚持就事论事的处事方法，自然话语公正。

说话和气促进交流、加深合作与发展

孟子曰："天时不如地利，地利不如人和。"这一句的重点落在一个"和"字，说到底就是强调"人和"才是成功的保障。人的地位有高有低，但那仅仅是外在的物质，不应以此来决定对待对方的态度。不论对方身居何位、钱财多少，都应以礼相待。

说话和气，是沟通和交往能够继续进行的前提。对方能从和善的言语和语气中升起继续交谈的欲望，并在很大程度上希望能用诚意结交，建立友善的关系。如此，才会有更多的合作机会和更大的发展空间，于人于己都是好事。

唐朝时，苏州有一家小面馆，店面不大，并且地段不佳，只有一位老妇人在经营。有一天，一位抱着孩子的妇女走到店内，点了一碗面条。面刚上，孩子就在玩闹中推翻了碗，面条全都撒在地上，碗也碎了。孩子的母亲慌忙道歉，并表示一定按照原价赔偿。未曾想，老妇人微微一笑，摆手说道："赔偿就不用了，碗不值钱，孩子有没有被烫到？"那位母亲回答："孩子无碍。"老妇人慈善地回答："孩子没事便好。"随后重新做了面给母子二人。母亲内心十分感动，在连连道谢之后，逢人便说在小面馆发生的这件事。人们听后便纷纷到这家客栈消费，由此，老妇人的生意越来越好。

冰心曾说：“美的真谛应该是和谐。这种和谐体现在人身上，就造就了人的美；表现在物上，就造就了物的美；融汇在环境中，就造就了环境的美。”和气才能生财，话语出口让人如沐春风，以宽容的心态面对他人，会自然而然影响身边的人和环境。

商事往来更需要和以待人，商人的德行高，财路就宽。老妇人不纠结于这一碗面的蝇头小利，以优质的服务和春风般的关怀对待客人，树立了和善的商人形象，名声一传十，十传百，其待人有礼、德行俱佳的事迹吸引了无数客人慕名前来。

用和善的胸怀化解矛盾

《易传》提出太和观念，讲“保合太和，乃利贞”。万事万物，因“和”才能“生”，“和”是一切产生的根本。单人匹马难破敌，千人万骑踏草平。由人组成的社会当中，和谐、团结、融洽地与人交往是生存的基础，很多事必须通过合作来完成。思利及人，处处尊重他人，以和为善，才能融入这个社会。

清代康熙年间，文华殿大学士兼礼部尚书张英在京城任职时，在安徽桐城的家人和邻居因建房占地闹起纠纷，双方互不相让。张英家人一气之下修书一封，告知张英此事，试图倚仗他的权势压倒邻居。不料，张英却寄回一首诗：“千里修书只为墙，让他三尺又何妨。万里长城今犹在，不见当年秦始皇？”家人读罢，深感惭愧，立即让出了三尺地界。邻居被张家的举动感动，也让出了三尺，形成了一条六尺宽的巷子。两家就此和好如初，邻里往来和睦，这也成为千古佳话。

远亲不如近邻，邻里不睦，生活不宁，纠结于小事，麻烦只会越来越多。双方最后都让出了三尺，足以说明双方的矛盾点并非“三尺之地”，而是态度。说到底，不过是争一时意气罢了。张家先退了一步，示好求和。邻居也愿意退让一步，重修旧好。产生矛盾很容易，但化干戈为玉帛的却不多，有些坚持既是枉然、半点落不到好，又何必耿耿于怀。万物纳胸怀必处事通达，心有“乾坤”，就不会急于在嘴上争个高下。

“和”是中国人为人处世非常重视的一点，两人之间有冲突，周围人调解时，都会说“以和为贵”。天时与地利是客观的，它们不以人的意志为转移，但人和人之间的关系却可以通过努力去改变。

双方起了争执，非争出个谁对谁错，结果伤了情分，无异于丢了西瓜捡芝麻。遇事应冷静处理，心平气和地讲清各自想法，就事论事、互相体谅、各退一步，以“和睦”为解决矛盾的最终目标。

《论语·子路》中有言：“君子和而不同，小人同而不和。”

并非委曲求全、一味迎合才叫“和”。君子的“和”是能在矛盾中把握平衡的尺度，将利益聚集起来。“人为财死，鸟为食亡”，追逐金钱无可厚非，但“君子爱财，取之有道”。哪里有为了“和”而“和”的道理？“和”是有原则的，不可凡事都求“和”，不可单纯地为了“和”而放弃原则，这种求和方式是愚蠢的。

老子提出“万物负阴而抱阳，冲气以为和”的思想，认为“和”是宇宙万物的本质以及天地万物生存的基础。“和”是“任凭风浪起，稳坐钓鱼船”的淡然；是心如禅定，举止有道的谦和。一个人只有说话和气才能搭建起跟他人交往的桥梁。

第二节

02 竭诚相待：言之有诚才能打动人心

《礼记·大学》提到这样一句话："诚其意者，毋自欺也。"为人处世，要融入自己的真心，而非自欺欺人。话语说得再动听，缺乏真挚的感情，对他人来说也不过是矫饰伪行。人们喜爱与君子交往，原因就在这里，君子不愿为了某种目的而虚情假意欺骗他人，由此更容易获得他人信任，话语也更有说服力。

《庄子·渔父》中有言："真者，精诚之至也，不精不诚，不能动人。"所谓"精诚所至，金石为开"，用真诚的态度与人交往，再棘手的事，也能降低三分难度。虚与委蛇最令人不齿，阳奉阴违之人，即使把话说得天花乱坠，也迟早会露出马脚。而能够打动人心的话语好比“金口玉言，一字千金”。如果能用得体的语言表达自己的真诚，就能很容易赢得别人的信任，与对方建立起信赖关系，对方也可能因此喜欢与你谈话，甚至答应你所提出的要求。

真诚是打破僵局的敲门砖

白居易曾说过：“感人心者，莫先乎情。”最能打动他人的就是感情，而话语是传达自己真情实感的媒介。就算是犯了错误，坦诚说出自己的问题和不足、表达出渴望得到谅解和进步的心情，也能得到对方的帮助和理解；相反，找一堆借口，掩饰自己的失误和心中的慌张，只能给人留下推卸责任、毫无承担的形象。由此可见，真诚是一块敲门砖，打开他人心扉就需要从自身做起，话语真挚而坦诚，人们就会不由自主对以诚相待的人敞开心扉。

沈从文先生作为我国著名的文学家，因其在文学方面的卓越成就深得当时吴淞中国公学校长胡适的赏识，所以破格聘用了他。在第一次讲课时，沈从文就异常紧张，以至于一句话都讲不出。实际上，他已经为这一堂课准备了一个多小时的课案。惊慌之下，他只能转身老实地在黑板上写道：“我第一次上讲堂，看见你们有这么多人，我害怕了。”本以为会遭到学生的嘲笑和轰赶，可等待他的却是齐刷刷的掌声。学生们也是第一次遇到这样的教师，但他们看到了沈从文的真挚和坦诚，对此报以理解和支持。

自此，受到鼓励的沈从文开始渐渐摆脱了胆怯，授课开始步入正轨的同时，也赢得了学生的喜爱，甚至成了“中公最受学生爱戴”的好老师。

沈从文没有因为在文坛成就斐然，而找理由为自己的胆怯“辩护”，他并没有在学生面前遮掩不足，相反大大方方地承认了自己的问题，告知学生自己目前状态不好，请求得到谅解。这样真诚的态度，打动了学生，大家抱以宽容的心态，鼓励这位“年轻”的教师。而后，沈从文也调整好了状态，没有让学生失望。

真诚是扩大交际的吸铁石

人与人的交往是互相的，用一颗真诚的心与人交往，才能换来彼此的心灵互通。话语出口，对方左耳进右耳出，说得再多也是废话；要让对方闻其言、知其声、见其心，深入人心的话才有意义，如此方能实现双方的顺利沟通，引起共鸣。

真诚的魅力就在于，你言语间透露出什么样的感情，对方就会用什么样的感情对待你。即使对方对话语中传达的观点不赞同，也不会恶语相向，反而委婉而贴心地提出自己的想法，营造出一个友好积极的交流环境。

北宋学者杨时认为："诚无不动者，修身则身正，治事则事理。"

"诚"能让人改变，用于修身则会身正，用于治事则事会理顺，用于教人则人会感化。若是行正志高，"诚"能发挥巨大的作用。

在历史上著名的"三顾茅庐"中，刘备邀请诸葛亮入世的真挚和谦恭，一直为人称道。刘备听说诸葛亮很有才识，带着礼物到隆中卧龙岗去请他出山辅佐。不巧的是诸葛亮出外闲游并不在家，刘备只能归去。第二次拜访前，刘备食素三天。但到了诸葛亮门前，不巧的是他又不在。关羽气不过说："诸葛亮也许是一个徒有虚名之人，未必有真才实学，不用去了！"另一边，张飞却主张由他一个人去叫，他若不来，就用绳子把他捆来。刘备不同意，责备了张飞，又和他俩第三次去拜访诸葛亮。

此时，诸葛亮正在睡觉，刘备不敢惊动他，一直站到诸葛亮醒来，才进屋入座谈话。诸葛亮见到刘备行正志高，真心为民，语言态度极为诚恳，并且三次前来请他帮助，决定出山帮助刘备建立汉室王朝。

诸葛亮并非故意考验刘备的诚意，只能说是阴差阳错。刘备前两次来恰巧诸葛亮外出，在第三次前来得知其正在睡觉，还不打扰，耐心等待其睡醒，可见刘备的诚意。当时，有意为民造福，希望一统天下者大有人在，而诸葛亮同意帮助刘备的决定性因素在于这"三顾茅庐"的赤诚、尊敬之心。心诚则灵，刘备通过他的行为和态度，表明了自己真心求教，恳切邀请其帮助的心情。**“三顾茅庐”这一典故流传了千年，完美地展现出了真诚在与人交往中的作用，真诚才是打动他人的关键点。三顾茅庐也因此成了讲真诚的典范、与人交往的佳话，传诵至今，经久不衰。**

著名演说家李燕杰在一次演讲中说道：“在演说和一切艺术活动中，唯有真诚才能使人恕；唯有真诚才能使人怜；唯有真诚才能使人信服。”将诚心袒露，观者自然心中有数，不论是求助还是交好，对方都能看在这一片赤诚之心的分上，给予回馈。

真诚是拉近距离的润滑剂

实际上，他人的态度真诚与否，大部分取决于与之交谈的人是否真诚。想让对方听从心的指挥与你交流，首先，要在话语中表露真诚；其次，多为他人着想；最后，注意语言的表达，话可以朴实无华，但不能空洞无味。

中国女足在一次比赛中获得了亚军，记者向运动员提问：“你们得了亚军后心情如何？你们现在的想法是什么？”其中一名运动员笑了笑，质朴地回答道：“我想最好能睡三天觉！”全场一片笑声，粉丝兴奋地高喊：“继续加油，好好休息！”并冲记者玩笑道：“快让她去睡觉！”

运动员在经历了紧张的比赛之后，疲惫万分，但是还要面对采访，全国观众也都能在转播上看到运动员的回答。此时回答记者，需要表现出夺得好成绩后仍然谦虚的态度。又困又累的运动员们一旦表情、语言有敷衍之意，或是表现得没有精气神，就很容易被曲解为骄傲或颓废，从而造成负面影响。这位运动员没有说冗长的感谢致辞，没有“打太极”，她只是真诚而质朴地表达出自己的想法，反而博得了观众的好感。不说出真实想法，别人又怎知你的苦衷？观众理解运动员的劳累，还催促记者赶快结束，谁又能想到，就这样一句简单的回答，打动了万千观众的心。

打败过拿破仑的库图佐夫就曾总结过：“我靠什么魅力凝聚着社交界如云的朋友？我的回答是‘真实、真情和真诚’。”真诚是一种美德，同时也是一种聪明的说话技巧。真诚之人，身边定是朋友环绕，也易得贵人扶持。存在即合理，不论事情大小，将心底的真实想法和盘托出，讲清这样想的原因，对方都会尊重你的想法。

有人疑惑，对待他人时掏心掏肺，心底想法毫不掩饰，为何对方也不喜欢，甚至不愿多有往来？

真诚有时候是和煦的春风，温暖他人，但有时却是寒冷的冬风，冻伤他人。将不假思索说出来的话称为“真诚”，是大错特错。不顾及他人感受只是一吐为快，是一种自私的表现。真正的真诚是体贴、真挚、善意的情感，而非毫无顾忌的情感倾泻。

聪慧之人，知道与人交往必要真诚。巧诈不如拙诚，只有发自内心的言语才更具感染力，倘若能好好利用话语的力量，就可达成双方情感的共鸣，促进人际关系的良性互动，在双方存在分歧时，成为沟通交流的润滑剂。

第三节 03 屈己待人：用“对不起”化解意气之争

古语有言：“金无足赤，人无完人。”任何人都有缺点、也会做错事情，谁会一生都不犯错呢？在与他人的交际中，难免会有犯错误、惹怒他人的时候，这些是无法避免的，但关键在于如何解决矛盾。有时低个头、认个错，说句真诚的“对不起”就能平息对方的情绪，这直白的三个字堪称是矛盾爆发时的“灭火器”。

李觏在《易论第九》当中写道：“过而不能知，是不智也；知而不能改，是不勇也。”犯错而不自知，是不明智的；知错而不改，则是缺乏勇气的表现。“对不起”这短短的三个字，说起来容易，做起来难。很多人能够认识到自己的错误，但承认和改正对其而言却很困难，它要求我们直面并不完美的自己，勇敢地承认自己的问题，因此能够认错、改错的人，勇气可嘉，应该受到尊重。

道歉，重获良好的人际关系

为人处世，无法避免因为一个行差踏错而惹他人不悦的情况出现。倘若能够及时发现错误，向对方说一声“对不起”，并且做出相应的弥补措施，恭敬地请求他人原谅，很快就能解决问题。就算对方仍旧难以释怀，也不会再保持怨怼的态度。由此可见，道歉对于修补人际关系裂痕、重获他人好感而言，是必不可少的。

有一次，华盛顿和佩恩之间展开了激烈的争辩。佩恩觉得华盛顿侮辱了自己，于是盛怒之下，一拳将其打倒在地。华盛顿忍痛站起，却没有进行回击。

事情发生的第二天，华盛顿就约佩恩到一家小酒馆见面。佩恩以为华盛顿要报复自己，心中犯怵却还是答应了赴约，也做好了决斗的准备，甚至带了手枪。然而，华盛顿看到他，却起身礼貌迎接，并且笑眯眯地说：“昨天是我的错，不该说那些话，不过，你的行动已经让我得到了教训。如果你也愿意，我们可以将不愉快都揭过，重修旧好。我相信你是不会反对的。”话刚说完，佩恩就激动地握住华盛顿的手，深有感触地说道：“我将会成为你永久的追随者和崇拜者。”最后，佩恩果真成了华盛顿最忠诚的朋友之一。

双方矛盾已经激化到动手打人的程度，华盛顿的话语刺伤了佩恩，而后者也“还以颜色”，出手打了前者，双方都有错处。而在佩恩还只想着决斗解决时，华盛顿已经做好了道歉的准备。二者相较，高下立见。因为华盛顿宽厚的度量、真挚的道歉，佩恩深受感动，也折服于华盛顿在道歉中体现的为人，所以两个“劲敌”就此建立了友情。

道歉，让干戈化为玉帛，平息了斗争。本来双方只是小矛盾，冲动之下，扩大到一方准备决斗的地步，若不及时止战，彼此都会饱受折磨，结局恐怕会两败俱伤。犯了错误要及时制止，不论事态进展如何，坚持由己开始，由己终结，承担起责任，才是君子所为。

有时，为了维持一个良好的人际关系，即使错不在己，也要试着道歉。并非什么错误都往自己身上揽，而是敢于承担、乐于帮助他人分担。因为某些客观原因，比如气候、交通等因素，造成的意外情况，给对方带来了麻烦，也要表达出歉疚的意思。对方心知此乃意外，不是人为的错误，倘若此时己方主动道歉，承担起责任，对方内心的郁闷也会消散，从而增加对己方的好感。一来给人留下有责任感、善良的印象；二来对方感受到了关怀，双方自然更容易建立起友好的交往关系。

道歉，赢得他人的谅解和宽恕

“人非圣贤，孰能无过。”是人，就会犯错误。而不会主动道歉、发生问题不肯从自己身上找原因，人就不会进步。不知低头之人，没有人愿意结交。傲者，永远扬着“朝天的鼻孔”，不愿承认自己错了，也不肯接受批评，谁说跟谁理论，道歉于其而言简直是不可能的，这样的人又有谁能喜欢呢？

如果对方指出你的缺点或错误，不要觉得伤了面子，不可不思考就急于辩驳。他人无论出于什么目的，能让你认识到自身问题，单凭这一点就应该心怀感激。矛盾爆发时，大多数人首选的应对方式就是为自己辩驳，希望对方理解自己所作所为背后的理由，可双方情绪都激动的情况下，争辩无异于“火上浇油”。

在公说公有理，婆说婆有理的情况下，固执地纠结于谁对谁错，结果只能是两败俱伤，倒不如坦然道歉。如何道歉才能“药到病除”，迅速化解矛盾？一要真挚，态度上表现出悔过之意；二要迅速。“一针不缝九针难补，及时处理事半功倍。”不能任由事情愈演愈烈，怨恨都是越积累越多的，过了道歉的时间，说什么都无用了。

美国总统奥巴马在8年的漫长任职期间，曾经多次向外国首脑、国际组织、美国民主党成员甚至普通民众道歉，有民众统计，他道歉的次数多达20次，被亲切地称为“道歉王”。

在一次电视访谈《杰伊·莱诺今夜秀》节目当中，奥巴马谈起运动时说，自己虽然一直坚持练习保龄球，但是球艺确实一般，他自嘲打保龄球的水平也就是参加“特殊奥运会”的水平。他的言论引起轩然大波，民众认为，他有歧视残疾人的倾向，众人纷纷指责和反对，这影响了他身为美国总统的形象。

奥巴马自知失言，在当日录制脱口秀节目后，搭乘空军一号返回华盛顿的途中立即打电话给“特奥会”的主席蒂姆·施莱佛，向他表示衷心的歉意，同时表示会邀请“特奥会”的选手来白宫做客，而那时脱口秀尚未播出。等到节目正式播出，舆论不断发酵，施莱佛此时在接受美国广播公司《早安美国》节目采访时说：“奥巴马当天就给我拨打了电话，他对此感到抱歉，道歉方式让人感动。他说，他无意侮辱‘特奥会’运动员。”如此一来，民众知道了他对运动员的尊敬和歉意，过了不久就选择了宽恕奥巴马的错误。

奥巴马为自己的失言而立即致电“特奥会”主席，同时还邀请运动员到白宫做客，不仅言辞恳切，并且用行动弥补自己的过错，这个道歉可以说是诚意满满了。他身为总统，地位很高，一言一行都备受瞩目，却能勇于承认自己的错误，并尽全力弥补。他在人们极为愤怒、情绪激动的节点，表现得态度谦顺，毫不掩饰他失言之后的后悔和愧疚，人们看到了这一点，就没有再责难于他，选择了谅解。

英国诗人、剧作家马罗曾经说过："永远不要因承认错误而感到羞耻，因为承认错误也可以解释为你今天更聪敏。"切勿小看这一句"对不起"，聪明人不会在该认错时装聋作哑。有人认为"我自己知道错了，也愿意改正，就不用道歉了。"这种想法可谓是自欺欺人、投机取巧，恰恰埋下了人际交往的祸根。歉意，不表达出来，他人不知，矛盾依旧存在，被伤害过后的裂痕没有修补，无异于为今后的交往制造障碍。

在生活中，如果置身在拥挤的区域或是人挤人的环境中，心情就很容易烦躁和易怒。这时被忽然踩一脚，就像在满是瓦斯的空气中燃起了一根火柴，瞬间就点燃了人的怒火。而道歉，就是化解对方愤怒，避免矛盾升级的最好方式。"对不起，太拥挤了，不小心踩到您了。"这样一说，对方也会表示理解。虽然踩人事小，但毕竟对别人造成了伤害。君子不因事小而不为，可能就是这"火星"般的小矛盾，最后引爆，发展成了不可调和的矛盾。虽然"对不起"不一定就能换回一句"没关系"，可它的确是缓和气氛的最好话语。勿因一时意气，放任错误无限放大，造成无法挽回的后果时，再悔悟，已是晚矣。

道歉时使用的语言要简洁明了，语气中透露真诚，神态和眼神展示出友好，可以用诸如"海涵、大人大量"这类抬高对方的话，让其感受到被尊重。切忌语言啰唆和列举多个犯错误的理由，事情已经发生就不要过多强调原因，亦不要过多重复，反复确认他人是否谅解，此举有逼迫之嫌，让人不适。

达尔文认为："脾气暴躁是人类较为卑劣的天性之一，人要是发脾气就等于在人类进步的阶梯上倒退了一步。"双方争执不下时，能控制好脾气，甘愿俯首承认自己的错误；对方不愿退让，向对方道个歉，表示出自己愿意让步，能瞬间瓦解对方的进攻。知道适当示弱，是一种进步，这一句"对不起"不是简单的"我错了"，而是一种态度的表达，更是一种示好的信号。

第四节 04 好让不争：有理还要让三分

老子在《道德经》第八十一章中有这样的论点：“圣人之道，为而不争。”说的就是将善利万物的不争作为为人处世的道理。不争是一种智慧，不辩是一种境界。愚者，得理不饶人，一念起，咄咄逼人，短暂胜利过后，埋下的只有无穷的隐患，做人极致必有缺；智者，有理不争，出言有尺，擅长站在他人的角度考虑。不争一日之长短，不争一言之褒贬，才是智慧者的处世之道。

不争是豁达的智慧

据宋朝文人姚宽《西溪丛语》记载：曾经有个道士，下棋极为厉害，无人能与其相争，但他与人下棋，总是“饶人一先”，也就是先让对手走一步，占据棋盘上的先手优势。并且写作了一首诗："烂柯真诀妙通神，一局曾经几度春。自出洞来无敌手，得饶人处且饶人。"这个"饶"就体现了为而不争的做人态度，也展现了其身为强者却不以"强"迫人的高尚品格。他以棋会友，注重对方的下棋感受，轻视胜负，后人也一直称其："当真豁达！"

那么，在现代社会具体怎样做才是"为而不争"呢？与人相处，最重要的是语言的沟通，人们认为，言之有理是取胜的关键，但不能忽视把握好言语尺度的重要性。做人，应如水一般，有道是："上善若水，水利万物而不争。"不争，才能无往不利，无人能与其一争。

人际交往复杂如乱麻中理线，宽厚的态度和豁达的处事，不争强好胜，才是长立不败之地的好方法。有人说"胜者为王"，胜者做什么都是理所应当，其实不然。有道是，穷寇莫追，站在高点要求败者俯首称臣、对其指指点点，形同于羞辱他人。这次胜利了，却为下次争斗埋下了伏笔，他人已在背后拉弓准备放暗箭都不自知。

有一位服务生讲述了一件令他至今耿耿于怀的事。他在一家饭馆打工时，有一次，忙中出错，不小心把 3 号桌点的两瓶啤酒，错写到了 5 号桌的单子上。本是小事，几元钱的问题，但客人不肯买单，不仅辱骂，并且态度极差地训斥他将近 3 小时。经理去跟客人解释，也被骂了回来，最后这位服务生不得不替客人支付了餐费，对方才作罢。他说到现在还是恨那个客人，内心难以释怀。

得理不饶人的盛气凌人，会在他人心中留下无法磨灭的伤痕。争论来、争论去，得罪了别人，得不偿失。伤了和气的同时，旁观者也感到尴尬。因此，不必事事都与他人一较高下，既是避免无谓的麻烦，给他人方便，也是给自己方便，如此才能拥有和谐的人际关系。

不争是适当的礼让

美国人际关系学家戴尔·卡耐基年轻时非常争强好胜。在一次宴会上，为了活跃气氛，有人提议每人讲一个笑话热热场，众人非常感兴趣，于是人们按照座位排列一个接一个地讲起了笑话。最后，轮到卡耐基身旁的一位先生，他讲了个幽默的故事，在结尾还引用了一句话，表达的中心意思就是“此地无银三百两”。并说出了这句话引用自《圣经》。卡耐基一听，这句话并不是出自《圣经》，而是出自莎士比亚的书，于是在众人眼前纠正了这个错误。他态度笃定地说：“这句话是出自莎士比亚的书。”那位先生看看众人，感觉伤了颜面，就立即出言反驳：“什么？出自莎士比亚的书？不可能，绝不可能！先生你一定弄错了，我前几天才特意翻了那一段，我敢打赌，我说的是正确的，一定是出自《圣经》。”卡耐基摇摇头，并不认同他说的话，正想反驳，忽然想到自己的朋友维克多·里诺也在宴会上，他是研究莎士比亚的专家，不如让他证明，于是转头对老友说道：“维克多，你说说，是不是莎士比亚书里的话。”原以为对方会赞同自己，没料到维克多却盯着他说：“戴尔，是你搞错了，莎士比亚的著作上没有这句话，这位先生是正确的，《圣经》上确实有这句话。”随即在桌子下踢了卡耐基一脚，并让他向那位先生致歉。

宴会结束，走在回家的路上，卡耐基不解地埋怨维克多：“明知那句话本来就是出自莎士比亚的作品，却还帮着他说话，真不够意思，还让我向他道歉，真是黑白不分了。”维克多却是宽厚一笑，说：“莎士比亚的书上有这句话。可是，那个人也许是一位有名的学者，为什么我们要去证明他错，让他下不了台呢？”

卡耐基在众人面前指出那位先生的错误，本身就是一种驳人颜面的行为，虽然言之有理，但是在这种情况下，就算争出个对与错又能如何呢？从对方的行为中，可以明显看出他已经知道自己是说错了，但还是强行辩驳，就是为了在众人面前挽回颜面，卡耐基再反驳对方就有了得理不饶人之嫌，还会破坏宴会的气氛。友人的及时制止，让其停止了再争论的行为，虽然对方因此对卡耐基留下了坏印象，但是友人的力挽狂澜，在一定程度上避免了对方可能产生的怨恨情绪。**礼让是相处的艺术，适当的场合做出合理的礼让行为更是人格的彰显，有些时候，过分地追究并不是**

解决问题的最佳选择，适当地礼让反而会收获意想不到的成果。

在人际交往中，很多人控制不住情绪，一旦在长久的争论后占据上风，就好恃理凌人，抓住他人的缺点或弱势不放，非要让其求饶，实非君子之道。与之相反，不争不辩之人，看得更远，不会纠结眼前的利益。尽管在与他人的交流中占据上风，也不会"趁其病，要其命"，谁知他人日后会有怎样的成就呢？

在生活中，或许会遇到必须求得真理的时候，对于原则性的事情，占理不让步是理所应当。但凡事有度，过犹不及，探讨应该就事论事，另外还要真心地表露出对对手的尊敬。知人不必言尽，若是对方已经认输，己方还在纠缠不休，对方在走投无路、颜面尽失的情况下，可能怒极反扑，不择手段报复；而理已道尽，站在对方的角度，给其一些建议和安慰，或许会收获一份真挚的友谊。

辩证看待争论，感谢对手

在18世纪，法国科学家普鲁斯特和贝索勒是一对科学界众所周知的"劲敌"。他们围绕着"定比"定律的争论已经持续了9年，双方各持己见，不让对方半分。最后，普鲁斯特获得了胜利，成了这一科学定律的发现者。但是，普鲁斯特并未因此就对贝索勒出言不逊，反而非常感激对方，没有得理不饶人的炫耀，他真诚地向与他激烈争论的对手贝索勒说："要不是你一次次地责难，我是很难进一步将‘定比’定律研究下去的。”并且他向公众发言，宣告说：“‘定比’定律得以发现，其中一半的功劳属于贝索勒。”在普鲁斯特的心里，正是因为双方激烈的交流和对方对待科学的严谨态度，激励了自己，才得以获得成功，即使对方在学术上的批评非常严厉，但是正是因为这些严厉批评，才让他更进步。

双方就一件事进行讨论，正如武林高手互相切磋，在行礼之后，开始比武，点到即止，分出胜负即可，不必穷追不舍。对方已经表示退让，还要为难于人，只能显得小肚鸡肠，人们也会对这种人敬而远之。能力再强，也不如德行高尚之人受欢迎。如今，人们都看重团队精神，谋求合作共赢。树大招风，用盛气凌人地打压、震慑他人的方式来展现自己，只能让人心生怨恨，必会引来旁人的谴责；真正有能力的人，更知要给他人机会，顾全他人颜面，不逞一时之气，为长远的交往铺路。

从本质而言，“争”就是势必要打败对方的心情在指挥行动。古语有言：“早知今日，何必当初。”双方最后都没得到好处，才知当初不应苦苦相逼，“争”又有何用？博大而明智的人，会坦然接受他人的反对，看到他人的优点，学习他人的长处。

古语有言：“当知器满则倾，须知物极必反。”中国人习惯以委婉的方式说话做事，话说七分不点透，懂得适可而止。对他人的谦让，既是一种尊重，也是一种自我的修炼。知道忍而不争的人，必会有一个良好的人际关系圈。

第五节

05 心胸豁达：要有容人之量

《论语·卫灵公》中子贡和孔子之间有这样一番对话。子贡问曰：“有一言而可以终身行之者乎？”子曰：“其恕乎！己所不欲，勿施于人。”孔子认为“恕”是可以让人终身奉行的原则。换位思考，自己不愿做的事情，怎能苛责别人去做呢？虽然严以律己，宽以待人，施行起来着实有难度，但正是因为困难，才更值得人去努力。

李斯在《谏逐客书》中写道：“是以泰山不让土壤，故能成其大；河海不择细流，故能就其深；王者不却众庶，故能明其德。”宽容是庞大的力量，能化解矛盾、能宽慰他人、能促成合作，甚至能拯救一个人的灵魂，包容他人的错误和缺点。

生活在充满矛盾的世界，不可能万事尽善尽美，错和对都是相对的，有时他人行径于己而言是大恶；于对方而言是无奈之举；于旁观者而言哪有什么孰是孰非，不过造化弄人罢了。执着于此，最后一场空，才幡然醒悟，耗尽时间，是是非非的恩怨却都已作古，都是虚妄。那些浪费掉的精力、时间随恩怨一起流逝在时光中，而今只留下痛苦的回忆。

宽恕和原谅别人的错误

弘一大师曾在《格言别录》写道："人之谤我也，与其能辩，不如能容。人之侮我也，与其能防，不如能化。"宽容就是忍耐，忍常人所不能忍。可从细微之处入手，由小及大，先停止埋怨和指责，摆脱招人厌烦的负面情绪；而后，以淡然的心态面对得失，以宽容的眼光看待世间万物，许多问题就迎刃而解、化繁为简了。

在第二次世界大战发生时，一支部队在森林中与敌军作战。两军激烈混战后，两名战士不幸迷失在森林中，并且二人还恰好是一个镇子出来的同乡。

二人在森林中艰难求生，经过十多天的努力还是未能与部队取得联系，此时身上的干粮已经耗尽，二人想尽办法，终于猎到一头鹿，靠着鹿肉又暂时度过了几天没有食物的日子。但是，频繁的战争导致这片森林里的动物已经很少，他们越走越缺少食物，其中一位战士怀揣仅剩的一块鹿肉和同伴继续前行。有一天，二人再次遇敌。战斗结束，双方暂时认为安全时，一声枪响，怀揣鹿肉的战士中枪了，幸运的是子弹打在了他的肩膀上。另外一名战士慌忙从后面跑过来，抱着战友痛哭流涕，赶紧撕下了衣物，为其包扎。

后来，二人继续前行，尽管还是饥饿难耐，可双方都没再动过剩下的鹿肉。如此，熬过了几天，终于坚持到部队的援军赶来救援。

30年后，那位受过伤的战士在谈起这段经历时，满含热泪地描述："我知道当时是我的战友开的那一枪，他抱住我时，枪口还是热的，我知道他是想独吞我怀中的鹿肉。此后30年我假装不知道此事，也从不提及。有一天，他跪下来，请求我原谅，我没让他说下去。我们又做了几十年的朋友，我宽恕了他。"

在危急的情况下，面临人性的考验，做出不理智的行为也实属无奈。虽然开枪的战士应该受到谴责，可他最终迷途知返，有悔过之心，他内心也遭受着煎熬，时刻愧疚。受过伤的战士能够理解战友的一时鬼迷心窍，选择宽恕他，足以见其心胸开阔。对方本质不坏，人孰能无过？与其折磨对方，老死不相往来，不如宽恕他人。从结果而言，没有造成悲剧，并且双方扶持走过艰苦的日子，功过相抵，患难间的真情显然更加珍贵。

古语有言：“大足以容众，德足以怀远。”伤害已经造成，再怨、再恨也于事无补。愤怒、仇恨是蚕食人精神和灵魂的恶鬼，只有宽恕能令人浴火重生。或许就是这一念之间的选择，让彼此的生活都焕然一新。正如荀子所言：“君子贤而能容罢，知而能容愚，博而能容浅，粹而能容杂。”不计前嫌，不念旧恶，永远用发展的眼光体谅他人的错误和缺点，才能走得更远。

不计较琐事、接纳和理解

三国时期的蜀国，在诸葛亮离世之后，由蒋琬继其执政。他有一个下属名为杨戏，性格孤僻，不爱讲话。蒋琬跟他说话，他也经常是应和而不回答。有人觉得此人行为不端，在蒋琬面前说道：“杨戏这人对您如此怠慢，太不像话了！”蒋琬则笑笑说：“人嘛，都有各自的脾气秉性。让杨戏当面说赞扬我的话，那可不是他的本性；让他当着众人的面说我的不是，他会觉得我下不来台。因此，他只好不作声了。其实，这正是他为人的可贵之处。”别人听了，称赞蒋琬真是个宽宏大量之人。

蒋琬以其宽厚和体贴，赢得了人们的称赞与敬佩，他知杨戏的为人，对方内心尊敬自己，只是有一些小缺点，容易遭人误解。因此，他并不计较这些小事，反而认为他其心天地可鉴，在本心的映衬下，旁事都显得不重要了，并且告知旁人杨戏的优点，为其说好话。如此一来，既赢得了朝廷众人的心，也让杨戏更加忠诚。

哲学家斯宾诺莎曾说过：“人心不是靠武力征服，而是靠爱和宽容征服。”宽容，就是接纳，包容对方，求同存异，这样才会有人愿意与你结交。用自己的主观视角看待他人，事事吹毛求疵，只能增加矛盾。宽容与否在于他人处事的态度，对事情的轻重分析。罪大恶极之人，自有报应，法律会给予公正的裁断，无须个人去惩罚；一些小错误，没有损害他人，包容、帮助其改正又有何弊？

但丁有句名言说得极好：“骄傲、嫉妒、贪婪是三个火星，它们使人心熊熊燃烧。”缺乏宽容之心的人，经常在得与失之间挣扎，伴随着利益的纠葛，升起了如熊熊烈火般的欲念，这种欲念会让人变得善妒，继而将生活搅得天翻地覆。在嫉妒的地狱中，人也就无法进步。而宽容之人，看到别人有所得，就会学习对方的优点，为其喝彩，也能得到他人的感激，最后协同进步。充满竞争的社会里，更需要有一颗宽容大度的心，如此才能拥有坦然的心态。

帮助和赏识他人

有一天，巴黎街头的广告上有匈牙利钢琴大师李斯特将要举行个人演奏会的消息。剧场门外挤满了人，须臾之间，门票被抢购而空。在演奏会举行时，整个剧场坐得满满当当。紫红色的帷幕徐徐拉开，风度翩翩的李斯特身着燕尾服，在舞台光的照射下，缓缓上台，优雅地向观众示意演出正式开始。台下响起雷鸣般的掌声，李斯特转身坐到钢琴边准备开始。琴声缓缓响起，熟悉李斯特演出风格的观众惊喜地发现，今日的李斯特似乎有所不同，琴声醇厚，没有以往追求效果的华丽风格，感情更加深沉和动人，众人皆是内心赞叹不已。很快，演出结束，灯光重新亮起，人们激动地起立呐喊："李斯特！李斯特！"可是，让人预料不到的是，台上站着的，不是李斯特，而是一位热泪盈眶的青年。此时，李斯特才重归台上，向观众介绍，这位青年就是钢琴界冉冉升起的新星——肖邦。

此时的肖邦还不是之后如雷贯耳的著名音乐家，只是一个刚刚来到巴黎，不出名却才华过人的青年，但他初来乍到根本得不到公开演奏的机会。偶然之下，肖邦结识了已经名满巴黎的钢琴家李斯特。二人如伯牙子期，一见如故，顿生知己之感，李斯特成就斐然，却愿意帮助这个极有能力和潜力的青年，想为他制造机会，让观众知晓他在音乐上的出色能力。于是，李斯特举办了个人演奏会，在灯光熄灭后让肖邦演奏，以此方式让肖邦名声大噪。

李斯特没有因为肖邦过人的才能而生妒忌之心，反而十分欣赏他，愿意"为他人作嫁衣"，足以见其心胸之豁达。身为同行的他没有想过打压肖邦，而是不求回报地帮助他，这是缘于一种音乐家之间的惺惺相惜，也是一种个人魅力的体现，人们对李斯特交口称赞，他因此收获了人们对其高尚品格的肯定。

管仲曾说过：“海不辞水，故能成其大；山不辞土石，故能成其高；明主不厌人，故能成其众；士不厌学，故能成其圣。”宽宏的气度是赢得他人尊重和信任最重要的一点，始终保持本心，不嫉才妒能，自己也会有收获。以古代君主为例，想要御下有方，必须学会看臣子的优点，将其物尽其用。将才擅长领兵打仗、相才擅长出谋划策，人各有优点，又各有缺陷。如若眼中容不下沙，偌大的国家如何管理？能者，之所以才能过人，不止因为自身不断进取，更重要的是他善于帮助他人，有容人之雅量，才能走得更高更远。

《尚书·周书·君陈》中有言：“必有忍，其乃有济；有容，德乃大。”忍一时风平浪静，透过另一面看到他人闪耀之处，少些怨怼，责人之言少说，责人之事不做，将困难和矛盾，看成是试炼，皆是人生难得的体验。因此，多给他人一些机会，在双方之间找到一个平衡点，和谐相处，才会有更多的人愿意帮助你。

第六节 06 恰如其分：区分多说和少说

《吕氏春秋·博志》中有言："故天子不处全，不处极，不处盈。全则必缺，极则必反，盈则必亏。先王知物之不可两大，故择务，当而处之。"中国人历来讲求中庸之道，经常自检言行举止。不论是说话还是办事，都追求"恰当"，该收敛时勿张扬，该张口时勿沉默。

多说不代表知无不言；少说也不代表要沉默。多说与少说之间转换的重点是审时度势。它是人对于客观环境的主观判断，也就是谈话时要注意观察说话的条件，现实是怎样的条件，就要采取怎样的说话方式。

说话有分寸，需要我们把握好自己的态度，与人谈话，说什么、说多少，非常重要。说话之前，观察谈话环境、对象、气氛等，是我们分析衡量说话多少的重要方法。对方发言时，要保持精神高度集中，在聆听过程中细细品味对方的话语含义，找到自己在这场谈话中的位置，根据对方的诉求和当下的场合，合理组织语言。但多说和少说之间的界限在哪里？何时该多说、何时该少说呢？且听听古人的答案。

墨子的学生子禽曾向老师请教："多说话有好处吗？"墨子答："蛤蟆、青蛙，日日夜夜不停地鸣叫，口干舌燥，然而人们却不在意、不理会。再看那雄鸡，在黎明按时啼叫，天下人都闻鸡起床。由此可见，话不在于多少，起作用才是关键。"蛤蟆、青蛙喋喋不休，却毫无用处；鸡鸣就那么几响，却起到了'闹铃'的作用。

什么话应该多说？

苏洵认为："言无有善恶也，苟有得乎吾心而言也，则其辞不索而获。"同理，倘若能将心中的善意表达出来，在言语间抒发希望结交的心情，双方自然沟通愉快；当他人与你的交流能获得心情、精神上的放松，感觉越说越有话时，自然胜友如云。

用积极的心态面对他人，鼓励别人的话多说。

人在遇到挫折、迷失自己的时候，常常会自觉一事无成，无限放大自己的缺点，继而沉溺在颓废的情绪中。这时，就需要有人不厌其烦一遍遍地告诉他：“你可以。”人都渴望获得肯定，鼓励的话语就是对其能力的最好肯定，尤其是遇到挫折的时候，逆境中的鼓励，是雪中送炭；当别人表现出色时，我们也要给予积极的认可。奋斗时的鼓励，是锦上添花。

想要成为他人心中的开心果，幽默的话要多说。

在生活中，可以多用幽默的方式说话，既能达到活跃气氛的目的，还能赢得他人的好感。与人交往，可以尝试经常以幽默的方式表达自我。比如，在社交场合，幽默的自我介绍，能让人耳目一新。说话风趣的人，会给人留下活泼开朗的印象，一句恰当的幽默话语，能在社交中为你增分。

无尽延伸话题有利于增进双方的感情，提问的话要多说。

会聊天的人懂得提问的重要性，提问是一种延伸话题、了解对方、增进情感的直接手段。学会如何提问，也就掌握了交际的核心。人需要互相倾听和了解，开放式的提问，能够鼓励对方透露更多信息，既避免了话题的局限，也摆脱了沉闷的聊天气氛。多问对方想让你问的问题。有时，对方需要他人的“好奇心”，期盼他人对自己提出问题。比如，对方兴趣高昂地跟你说：“我今天去参加歌唱比赛了！”从情绪上分辨，对方明显非常兴奋，可能取得了好成绩，此时，需要一个契机来展示，若是拿不准，可以先提问："遇到了什么好玩的事了吗？"对方回答后，还是一脸期盼，就能确定对方确实取得了名次，己方再提问："你得了第几名啊？"对方就会欣然告知，由此，其分享的情绪得到满足，彼此的感情也会增进。

什么话应该少说？

很多人擅长在倾听中观察别人，观其言知其行。当己方发言时，倾听者会通过倾听来评估对方，这可能是赢得他人好感的机会；也可能是为自己带来麻烦的考验。不知是否应该多说一些时，就多提问，让对方多透露一些信息。古语有言："两利相权取其重，两害相权取其轻。"在局势不明朗之前，勿妄动，宁可自言嘴拙，也好过祸从口出。

人都懂得趋利避害，侵害彼此利益的事情，少说。与人方便就是与己方便；表达赞美和善意的话，应该多说，与人为善才能广结良缘。当一个气氛融洽的聊天环境，突然被一些不适宜的话语破坏，就会引起人们的不满，若是当事人还多言多语，喋喋不休，众人被教养克制的不满就会爆发为愤怒。给人留下了不知分寸的印象后，此人自然不受欢迎，再想融入这个圈子就难了。

我们来看看这个故事：一天，主人请客吃饭，看看时间过了，还有一大半的客人没来。主人心里很焦急，便当着已到的宾客说：

“怎么搞的，该来的客人还没来？他们路上耽搁了？我打个电话看看！”已经到了的客人听到这些话，坐在餐桌旁互相对视，相顾无言，尴尬的气氛慢慢升起。

为了避开此时的冷场，部分客人去了洗手间。

这时主人回来一看，一部分客人已经等得着急，于是愈发焦躁，便说：“大家都去哪了？刚把没到的客人叫来，怎么不该走的客人反而走了？”剩下的客人和刚来的客人，面面相觑，只好就座等待，直到开席，气氛还是沉闷无言，最后，聚会早早就散了场。

其实，对于诸多客人逾时未到一事，主人本就应该耐心等待，先招待好已经到来的客人，多说逗趣的话，安抚已经就座的客人。在此情此景下，主人说了过多丧气的话，让客人感到尴尬，自觉没有受到应有的热情接待，自然无法宾客尽欢。

俗话说得好：“火候不到，众口难调；火候一过，饭菜易焦。”万事都要掌握一个度，说话也是如此。很多时候，掌握不好多说少说的时机，人们都会选择闭嘴。但同样是寡言少语，普通人和智者的差别就在于对语言内容的选择。普通人的少说，多数是无过亦无功的迎合，在沉默中怯懦不敢言，言语只是一套伪装自己的皮囊；智者的少说，不鸣则已一鸣惊人，在激流中一语定乾坤，言语就是其灼热灵魂的展现。

炫耀自己的话少说。

没人喜爱与好炫耀的人交往，爱炫耀的人就好似开屏的孔雀，走到哪里都希望博得关注。适当地展示自己，叫自我推销；过度地展示自己，是骄傲自满。开口就是“我如何如何……”，对方听了只会觉得此人浮夸，不堪大用。

刺探别人的话少说。

真诚，是人与人交往的前提；信任，是人与人合作的基础。用言语刺探他人，是最伤情谊的行为，既丢失了真诚，也丧失了信任。大至国家、小至个人，在对外交往中，都需要保持君子风范。喜用言语试探他人，只能展现个人的多疑和心胸的狭窄。

自己的隐私少说。

在复杂的谈话环境下，人就容易思维混乱，继而导致判断力下降，结交的机会来了也没抓住或是该打个太极的时候却掏心掏肺。很多人为了表现真诚、希望迅速与他人建立关系，就会将自己的隐私告诉对方，以证明对其的信任。实际上，这是一个人际交往中巨大的误区。关系不够亲密，突然说起隐私话题，会让对方感到尴尬，无形中增加了对方的负担，因此关乎隐私的话要少说，即使再了解对方，也需要给自己留有一些私密的空间。

丧气抱怨的话少说。

生活不是电视剧，没有固定的剧本，遇到不顺心的事在所难免，有了困难就去解决。无人愿意天天接收负能量，谁也不是“垃圾桶”，滔滔不绝地发泄情绪只能显示个人的浅薄。因此，勿对他人倾泻不满，烦恼留给自己去解决，将快乐带给别人，不用说出你的困难，他人也会在你困难时伸出援手。

汪国真在《豪放是一种美德》中提笔写下：“别对我说只有眼睛才是心灵的真正折射，倘若没有语言，我们在孤寂中收获的只能是沉默。”少说不代表要沉默，在聆听他人谈话时，就好像田径赛跑的准备时期，只等待一个冲刺的信号，内心的蓄力不能停止，等待一招发力的时机，在此之前需要沉心静气。

君子行事，智在恰好，多一寸过，少一寸不及。多说与少说之间，其实并没有明确的界限。归根究底，掌握什么话该多说，什么话该少说，拿捏好说话的分寸，做到心中有谱。

第4章

趋利避害：引导话题的走向

相信很多人在沟通中都会遇到这样的情况，为了不让气氛陷入尴尬的局面，拼命地找话题却还是以冷场收场。但对于有些人来说，和他们聊天是一件快乐愉悦的事情，他们能够轻松地引导沟通话题的走向。

第一节
01 察言观色：选择感兴趣的话题

卡耐基曾说：“如果你要让人喜欢你，想要让他人对你产生兴趣，你必须注意的一点就是——谈论别人感兴趣的话题。”在人际交往中要想占据主动地位，首先要让对方产生兴趣，对方没有倾听的意愿，说什么都是枉然。若能通过细致入微的观察，快速找到对方感兴趣的点，针对所在的场合、对象，选择合适的话题切入，就能维持长时间的谈话，增进彼此之间的了解，开启人际交往的第一步。

古罗马有句俗语：“有关兴趣的问题无须争论。”如果对一件事有兴趣，那么与之相关的一切都能引起人的关注。要让对方感兴趣，必须重视观察谈话的场合和对象。

首先，在特殊的场合说话，要注意氛围、礼仪、话题选择的适当性等诸多要素。如果言谈举止于礼不合，那么可能话未出口就被对方找理由避开了，连交流的机会都不给，因此谈话注意场合是获得交谈权利的基础。然后，需要考虑如何在交谈中获取他人好感。每个人的爱好、习惯和性格都不同，话题的选择要围绕上述因素进行，可以通过观察对方的表情、言语，推测其对话题的接受程度，迅速判断出对方的情绪和意图。最后，确定合适的话题来交谈，赢得对方的好感，再灵活代入想谈的问题，掌握话语的主动权。

选择话题，主动调动对方的积极性

话题的选择应该安全而又不闭塞，以调动他人的谈话积极性为主。比如选取时事、新闻类客观的话题，引起对方共鸣。大到国内外时事，小到家长里短，都可以作为谈论的话题。但是每个人的兴趣不同，用投石问路的方法来观察对方喜欢什么是最好的方式，先提起的话题可以作为试探对方兴趣所在的“石头”。倘若与学识渊博、关心时事的人聊街头巷尾的传闻，对方必定没有兴致，甚至可能引起反感。因此，试探的话题不易深聊，在浅谈中准确分析出对方喜好，再投其所好。

一家剧场预备重新装修，需要定做几千个座椅，有很多家具厂的业务员来推销本公司的产品。一位名叫詹姆斯的推销者来到剧场，建筑师告诫他说：“董事长现在工作很忙，你最好说明来意后迅速离开。”

当詹姆斯被引导进入董事长办公室时，对方正在埋头工作，见有人来，抬头摘下眼镜开口问道：“有什么事？”建筑师在一旁恭敬地向董事长介绍了詹姆斯，并示意他可以开始说明了。詹姆斯说：“先生，您的办公室布置得非常有品位。”董事长说：“谢谢你，这间办公室的确很漂亮。可惜我太忙，很少注意这些。”詹姆斯若有所思地用手摸摸办公室的壁板，说：“这是不是英国橡木？它和意大利橡木的品质稍有不同。”董事长说：“是的，这是一位专门研究木材的朋友替我挑选的。”接着，董事长带着詹姆斯参观了自己设计的陈设，包括木门、油漆和雕刻等。终于快逛完时，他们在一扇窗前停了下来，董事长说要捐钱给慈善机构。詹姆斯激动地说：“这真是一大善举！”董事长仿佛是来了兴致，感慨地叙述起幼年的贫苦情景，当年是多么期望有好心人捐助自己啊！之后他又讲到了创业史，自己是如何从一个小职员做到总经理，又为何会单独创业……

两个小时过去了，詹姆斯已经赢得了董事长的赏识，当他最后提起来意时，对方果断地答应了他的请求，将签订好的合同给了詹姆斯。并夸赞他：“你对装修非常了解，也很有品位，相信你一定会做好我们需要的座椅。”

詹姆斯先是夸赞董事长的室内装修布置，以一个没有意图性的话题开启交谈，跟随对方的思路适当插言，引起对方的谈话兴趣；然后给予对方充分的尊重和赞赏，适当地表现自己，营造出开阔、随意的谈话氛围，从董事长最后的话语来看，他在交流中也在观察詹姆斯，因此适当地表现自我也十分重要；最后詹姆斯灵活跳转话题，引出自己的目的。

沟通前，先引起对方的注意，是极为有效的接触手段，能给自己制造结识他人的机会。从对方的喜好、擅长的方向着手，营造出一种亲切、轻松的氛围，引导对方打开“话匣子”，之后再挑起别的话头，对方也愿意参与进来。

察言观色，有效发现他人的兴趣点

或许起初只是兴趣相投，而后经过一番畅谈，彼此才升起了相见恨晚之感。从心理学角度也能解释这一点：兴趣是人的心理上诱发的一种特殊的吸引力，能有效吸引人的注意力。由此可见，找到对方喜爱的话题，相当于给对方抛出了结交的橄榄枝。

那么如何才能有效地发现他人的兴趣点呢？孔子在《论语·季氏篇》中讲：“未见颜色而言谓之瞽。”意思是，谈话时，不看对方的神情变化，岂不是闭眼瞎说，谓之瞎子。话语出口，无视对方的反应，不在乎他人是否感兴趣，自说自话之人，虽然泄了一时口欲之私，可长此以往，定然无人愿与其相交。由此可见，学会察言观色，非常重要。它就像“排雷”设备，能够有效避免在人际交往中“踩雷”。

在与人沟通的过程中，仔细观察可以发现，许多人都不自觉地在说话时加入适当的肢体动作，包括面部表情的变化、语气重音的转换，这些都能传递出许多信息。通过捕获这些信息，可以得知对方的情绪、喜好、习惯等。虽然语言的真实性，难以判断，但人的行为举止、神态是不会作假的，它们能透露对方的真实想法和意图。

1966 年，林语堂定居台湾。这一消息受到了教育界的广泛关注，各学校校长都请他去做演讲。有一次，他受邀来到台湾师大，当轮到他时，前面已经有很多人做了讲话。校长隆重地介绍他之后，向他示意可以开始了。只见他向四周扫视一眼后，幽默地开口：“演讲应该和女人的裙子一样，越短越好。”死气沉沉的现场立即爆发出笑声。

林语堂接着说：“我今天演讲的题目是《人生与学问》，一个人在世上，对学问的看法是这样的——幼时认为什么都不懂，大学时自认为什么都懂，毕业后才知道什么都不懂，中年又以为什么都懂，到晚年才觉悟一切都不懂。”

几句结束，他下台了，校长赶紧问道：“您的演讲好像才开头，怎么没下文了？”林语堂微微一笑：“我演讲结束之时，正是听众联想开始之日。”就是这样简短的演讲，却引来了学生的热烈讨论，之后还对他交口称赞。

林语堂在上台后，观察了学生们的状态，发现他们听了太多演讲，明显已经身心俱疲，很多人已经心不在焉，只希望演讲尽快结束。**想要调动起学生的兴趣或者积极性，就要了解学生的心态与心情，林语堂通过在台上的观察掌握了这一信息，他选择了一个以学生的心声为出发点的话题。果不其然，既幽默又戳中学生心理的开场白，使得他的演讲受到很多学生的关注，更加出人意料的是，他在大部分学生都认真听演讲时，利落地结束了演讲，将更多的时间留给学生进行思考，这一做法不但给其他演讲者树立了一个榜样，还赢得了学生们广泛的好评。**

由此可见，观察能够准确掌握对方的喜好，继而挑选出合适的话题。在日常交往中，“主动出击”之前需要自己先观察。需要随时注意对方的变化，及时更新信息，用新奇而有趣的话语打动对方。若是对待初识之人，首先，以彬彬有礼的态度获取对方的好感，建立沟通的基础；其次，选取大众熟知、不带强烈主观性的话题与人交流；最后，在交流中观察对方的情绪，当其表露出感兴趣时，可以带着鼓励、求知的心态邀请对方多说一些，进一步了解对方，找到适合彼此的沟通方式。

俗话说：“说者无心，听者有意。”选择对方喜爱的话题来交流，是一种高超的引导话题手段，一来，能让己方有机会分析其心理、深度了解对方；二来，获得对方好感，提升己方话语权；三来，短时间内消除沟通障碍，避免因一时失言而惹对方恼怒，使得后续要紧的话题无法续接。正所谓，选择正确的话题，是靠近对方的第一步，迈出这一步，沟通就成功了一半。

第二节

02 大智若愚：揣着明白装糊涂

老子曾说过："大巧若拙，大辩若讷。"凡大智慧者，皆懂得"藏巧露拙"；能言善辩之人，反而发言持重。木秀于林风必摧之，聪明之人懂得收敛锋芒，戒骄戒躁，甚至在危机时，故作愚钝，让他人难以猜测出其所思所想。

从古至今，装糊涂都被推崇为最上乘的处事方法。都说"聪明容易，糊涂难"，装糊涂是乃游离在事理之外，大彻大悟的境界。有道是"众人皆醉我独醒"，宁可让人看低，也不愿让自己陷入被动和危机当中。于己不利，又何必明知仍为？

鬼谷子认为："智用于众人之所不能知，而能用于众人之所不能见。”明白人，惯会装傻；愚笨之人，擅长卖弄。有才能不代表有智慧，有才能又自作聪明者大有人在。其高谈阔论摆出知之甚多的样子，当危机来临时却毫无察觉，将自己置于被动局面，得罪于人也不知道，还以为一切尽在掌握，殊不知已是大厦将倾。能言善辩本无错，可一现身就以强势之姿显露自己，势必会让他人警惕，一言一行都被人关注，稍有言语不当就被人抓住错处，小缺点被放大，大错误就可能一招致命。

历史上著名的“聪明人”杨修，就是个不懂得装糊涂的人。当时曹操军国多事，杨修负责内外之事。其能力极强，人又聪慧，深得曹操赏识。可是成也萧何败也萧何，杨修的缺点就是太聪明了，最后就是因为他的“聪明”，让多疑而又心思深沉的曹操不满，最终要了他的性命。

有一次，曹操要求修建花园。完工时，他在园子里逛了一圈，什么话也没说，只是在门上写了个“活”字。众所周知，曹操文学底蕴深厚，总喜欢玩这些拆字游戏。

修花园的工匠们看见后，心中明了这是个“阔”字，曹操意思是要他们将门再修得大些，但是众人都故作不知，议论纷纷，预备去找曹操请教，请其明示。工匠走到半路，就遇到了杨修，他听说做这件事后，哈哈一笑说：“没文化真可怕，主公写个‘活’字，那自然就是‘阔’了。明摆着是让你们把门改大点。”杨修此言一出，众人也不好再去问曹操了，因此就此作罢，回去继续干活了。

杨修在向工匠们解释“活”字的意义时，没有像工匠们一样心知肚明地去请教曹操。而是只顾彰显自己的聪明，却忽略了曹操的感受。杨修虽然以自己能知曹操之所想而骄傲，却不知正是他恃才放旷的性格引得曹操对他心存芥蒂。

曹操害怕有人谋害自己，常吩咐侍卫们说：“我梦中好杀人，凡是我睡着的时候，你们切勿靠近我！”有一个晚上曹操在帐中睡觉，被子落到了地上，近侍慌忙取被为他盖上。曹操立即跳起来拔剑把他杀了，然后继续上床睡觉。半夜起来的时候，假装吃惊地问：“是谁杀了我的侍卫？”大家都以实相告。曹操痛哭，命人厚葬近侍。人们都以为曹操果真是在梦中杀人，唯有杨修知道了他的意图。在将近侍下葬时叹惜地说：“不是丞相在梦中，是你在梦中呀！”**曹操听到后十分生气，因此心里对杨修的芥蒂又多了一分，也为后来处死杨修埋下了更深的伏笔。**

此事过去不长时间，曹操领军征战蜀国，双方对峙，互不相让，因此陷入了久攻不破的僵持局面。曹操想着能攻下来的机会不大，但是现在撤军又没了面子，正在烦闷之时，大将夏侯惇来问值夜班的口号。曹操正啃一块鸡肋，便随口说了声“鸡肋”，于是夏侯惇便传令值夜班的号令为鸡肋。

杨修听到了号令，立即开始收拾行李。夏侯惇一见十分诧异，不明所以，开口问道：“为何整理行装？”杨修开口回答：“鸡肋，食之无味，弃之可惜。主公这是要撤军。”夏侯惇听了恍然大悟，于是，也跟着收拾行李。曹操吃完鸡肋，踱步营外，却见到将士们都在收拾行装，一副撤军的样子，于是叫来夏侯惇询问原因，夏侯惇将事情原委一一说明。**曹操听后，大为震怒，“杨修知我所想，到处炫耀也就罢了，还在行军打仗之时扰乱军心”，最终以此为借口杀死了杨修。**

实际上，曹操早就因为杨修参与夺嫡、政治观念保守与自己的主张不合而对他非常警惕。杨修还不知低调、收敛，卖弄聪明，好像在说：“看我多厉害，主公的心思我都知道。”从结果上来看，杨修虽然是因为扰乱军心这一罪名而死，但实际上，是他的自作聪明害了自己。在曹操手下谋事多年，他揣摩曹操心思准确而具有前瞻性，此能力非同一般，曹操在忌惮的同时，内心是不满的。没有人喜欢被他人洞悉，尤其是上位者。

卖弄小聪明，不如装大糊涂。在一时的掌声、鲜花中迷醉，就容易忽略身边潜伏的危机，察觉不出他人话语中的陷阱，仍在意气风发地滔滔不绝。自以为聪慧，无往不利，实则愚不可及。许多人，都是因为卖弄，而祸从口出，甚至缘何得罪人都不知道，这就是典型的“聪明反被聪明误”。

在言谈中装糊涂是一种圆滑、稳妥的策略。可以暂时避开争端或麻烦，以等待合适的谈话时机。李白的《梁甫吟》中有句诗：“大贤虎变愚不测，当年颇似寻常人。”能者，在显露才能之前，和平常人无异，其巧思岂是愚者可比？虽是心如明镜、洞若观火，却只字不提，讷于言，敏于行，在没有摸清楚谈话主题时，不妄动；在洞悉对方想法时，恍若未觉，悄无声息将话语引导到于己有利的方向；见事有蹊跷，立即装傻充愣，不多言多语，装作不知一般转移话题。

《韩非子·说林》记载了这样一件事：田成子建了一幢很是气派的高楼，身为邻居的大夫隰斯弥按礼节去拜访他。田成子自然要带着隰斯弥参观自己的豪宅，两个人缓缓行至田家的高台。东、西、北三面景象辽阔，令人心旷神怡，唯有南面树木参天，挡住了景色，而那里正是隰斯弥的居所。虽然田成子仅仅是邀请隰斯弥看景色，除此之外什么都没提，但田成子的用意，隰斯弥已敏感地察觉到了。

隰斯弥回家后，就开始辗转思虑。田成子乃齐国的实权人物，得罪不得，于是决定，必须砍了这几棵树。当天，隰斯弥就安排工人砍伐大树。可是，刚刚砍了几下，隰斯弥就突然喊停，家臣疑惑地问道："刚才那么急着要砍伐那些树，现在又决定不砍了，这是为何？"隰斯弥开口回答："有句谚语说的是'察见渊鱼者不详'你想想看，田成子有逆谋的野心，自然随时提防他人看出这一点，由此就会异常提防能看透自己心思之人，若我伐树，他就会知道我已看出他的心思，这太危险了，还是留下这些树为好。"家臣听了恍然大悟。于是，那些大树便被留下来了。

隰斯弥通过与田成子登高远望，发现了田成子不喜他家参天大树的事，若仅仅是砍掉几棵树又何妨？但是，若是砍树，田成子就知晓了自己的喜好、心思已被隰斯弥猜中，不由地会关注、警惕他。不论是为了心安而拉拢隰斯弥，还是觉得他危险而欲除之后快，对隰斯弥而言都是危险的。于是，隰斯弥假装什么都没发现，装成心思愚钝之人，对方因为树而不快，不至于牵扯性命；若是发现自己的心思被洞察，那才是真正的危险了。

该装傻时就要学会如何巧妙地装傻，糊涂之人，在他人眼中自然是不足为惧，尤其是对于那些有能力的人而言，更是不值一提。因此，精明之人会利用这一心理，装聋作哑，最后待合适的时机再显露自己的才能。比如，刘备与曹操煮酒论英雄，刘备为了让曹操放松警惕，故意装出笨拙的样子，在打雷之时碰掉了筷子，曹操一见此人如此胆小，难成大器，便彻底放松了戒备。刘备的聪明之处在于，适应形势，适当示弱，明知对方忌惮自己，偏装作不知，营造出一种自己不足为惧的假象。事实也证明，这种大智若愚的处事方式，牵引了对方的情绪，成功让对方走入自己布置的“幻境”。

装糊涂也可看作是一种适当示弱，作用在于为己方争取蓄势的时间。言谈举止没有侵略性，便不会成为他人眼中钉、肉中刺。在小事上装糊涂，在大事上不含糊，装糊涂是一种善意的避让，而非底线和原则的抛弃，在大是大非面前，也需在内心坚持自己的原则，不能因“装糊涂”而成了“真糊涂”。

在生活中，许多在说话时被人“牵着鼻子走”的人，其实也是伶牙俐齿，思维敏捷之人，缘何反而陷入被动的境地？无非是说得太多，透露太多，过于轻视对方。而最冤枉的也是那些人，聪明有余，智谋不足，遇到了心机深沉、足智多谋之人，在交流中就落了下风，被“糊涂人”反将一军。孰是孰非，先且不论，单从双方交流的角度而言，会装傻的人一般都会选择避免和他人起正面冲突、不主动挑起矛盾，因此深受他人信任，左右逢源；而轻视他人的“聪明人”却因为过于自信，表现欲强而栽了跟头。

俗话说：“聪明有大小之分，糊涂有真假之分，所谓小聪明大糊涂是真糊涂假智慧。”人生在世，不止需要和他人相适应，更需要和世间法则相适应，所有的智慧和话语技巧要学会适当展示。真正的聪明人不会过度在意他人对自己的评价，受虚名所累；愿意伪装成愚钝之人，可兵不血刃，为自己争取一分宁静或是长久的利益。

第三节 03 含糊其辞：争议话题留有回旋

《道德经》中有这样一句话："知者不言，言者不知。"知道万物变化无穷无常的人，也就知道不能描述其本质，故而不言；言者不知，能描述出来道理的人，还是没有了解大道之变化无穷的本质。对待有争议的话题，切勿过多地加入主观臆测，会让人留下不严谨、自以为是的印象，甚至引起他人反感。以肯定回复应对模棱两可的问题，无异于自断退路，反倒引起争议。

胡适曾经说过："有一分证据说一分话。"碰到有争议的话题，要根据事实表述。对其知之甚少，就含糊地说，不妄加评论，保留自己的看法；对内情尽晓，也要笼统地说、客观地说，跳脱自我观念。俗话说得好："黑白之间还有个灰！"与其对争议下判断，不如打个太极来得安全，话留三分，在定论未出之前，留出回旋的余地。

无关自己的事，不轻易说

曹操攻下邺城之后，他的儿子曹丕娶了袁熙的妻子甄氏。这一事让众人议论纷纷，但谁也不敢在曹操面前提及，但孔融知道后，就给曹操写了一封信："武王伐纣，以妲己赐周公。"曹操不知道这是什么意思，就询问孔融。孔融回答说："以今度己，想当然耳。"也就是说想想今天所发生的事，对当年的事情就明白了。说曹丕抢了甄氏，这就相当于说甄氏是当年的妲己，而曹操是周武王，曹丕等同于周武王的弟弟周公，其中还不乏曹操父子共享甄氏的意味，本来是父子关系，让他这么一说彻底乱了套，如此明显的嘲讽令曹操当场气愤难当，但曹操没有与他计较，而是默默记下了这一笔。曹操是聪明人，他知道现在还不是动手的时机，孔融还以为自己说得好，曹操已是心服口服。谁料危险已经悄悄逼近，最后曹操在孔融一次犯错时，小事大罚，以"谤讪朝廷、不遵朝仪"等罪名将孔融斩首，连他的家人也一个不留。

当时，曹丕娶甄宓的事情，是个有争议的微妙事，说是家事，也是国事。曹操身为父亲都同意了，又与旁人何干？其他将领大臣都没有表露过意见，只有孔融，出言嘲讽。耐人寻味的是，他的意图并非劝谏，只是单纯看不惯这一现象，要发表自己的看法罢了。

颇有争议的事，不随意说

鲁迅说过："凡事总需研究，才会明白。"万事万物离不开探索和研究，只有对其有一定的了解，才能有一个初步的判断。交流的事如果还未有定论，存在不确定性时，就扪心自问：是否对其有足够的了解，要说出口的话是否要负责任。内心回答完这两个问题，再决定要不要发表看法。在具有争议的话题面前，像一个"战士"，和对立的一面辩论，长篇大论叙说自己的想法，只会徒惹麻烦；在敏感的局势面前，就算是行正义之事，也要注重方式，枪打出头鸟，太过招摇，注定会引来注意，甚至不慎被小人利用，拿来大做文章，到时百口莫辩，反而白做牺牲。

阿根廷著名的足球运动员迭戈·马拉多纳在与英格兰球队相遇时，踢进的第一球，被称为是颇有争议的"问题球"。当时，一位墨西哥记者声称拍下了他"用手拍人"的照片，有记者揪住这件事，问马拉多纳："那个球是手球还是头球？"马拉多纳洞察了问题中设置的陷阱。实际上，照片有没有未可知，照片也还没被爆出来，在无法逃避问题的情况下，马拉多纳回答道："手球有一半是迭戈的，头球有一半是马拉多纳的。”

马拉多纳面对还处于争议中的话题，尤其是自己处于争议中心、无法逃避的问题，既没有正面承认，也没有正面否定，模棱两可的回答，既承认了是手臂撞人，敢作敢当，又肯定了裁判的权威，保留了君子之风。面对争议，谎言经不住深究，态度极端的回答，只会让风波无限放大。从模糊的角度隐晦作答，实事求是，没有任何隐瞒和谎言即可。

面对争议，不一定需要做出站队的选择，是或非并不重要，有时候一个模糊的答案要比确切的说明要好。若是有必须要参与话题的情况，只需言之有理，尊重事实，不透露自己的态度即可，防止一个出言不慎，被当作“异端”。在不能保证事态如何发展的情况下，最好还是谨言慎行，静待其变。如此一来，局势明朗之后也有再回旋的空间。

有争议的话题，通常都存在这样一个特点——理多。这是何意呢？从这个方面说，说得通；从另一个角度说，也有道理。这类话题，最能引起人们的激烈讨论，若是邻里的家长里短也就罢了，若是关乎事业，牵扯个人名声，甚至生死问题，还能如此句句要理、仿若与己无关地发表看法吗？

敏感的话题，委婉地说

如果遇上一些必须面对，但又不便作答的敏感话题，可以使用模糊作答的方式应对。

1945 年，美国在日本投下了两颗原子弹后，美国新闻界都纷纷议论苏联是否具有原子弹，如果有，有多少？当时苏联外长莫洛托夫率代表团访问美国，他在居住的旅馆门口被记者围堵，记者们争先恐后地提问：“苏联有多少原子弹？” 莫洛托夫绷着脸仅用了一个英语单词回答：“足够！”

关于备受争议的原子弹问题，他以两个字——足够，就说明了苏联的军事力量，同时威慑其他国家不要妄动，言简意赅，直接表明了本国的态度和实力。

面对敏感话题，需要更委婉的表达，尤其是在自己就处于话题当中，自带关注度的情况下，更要谨言慎行，以“犹抱琵琶半遮面”的方式表露自己的想法，避免陷入劣势，甚至可以摆出无辜的姿态，缓和话题的冲击。

影片《我的长征》中有这样一句话：“在军事历史上，只有最后的胜利才是评价指挥官军事才能的无可争议的证据。”在语言的较量当中，能盖棺定论的除了事实，就是最后获胜的一方。解决争议或是避开争议，都是抢夺优势的好办法，这是一种能力，更是一种技巧，如果修炼不够，不能以一己之力平息争议，不如巧妙避开，给自己喘息的时间，等风波平息。

做一百件好事，因为办了件大错事，可能面临的就是千夫所指；说了一万句好话，说了一句恶言，可能引来“此人露出了真面目”的猜测。争议话题自带吸引他人目光的特点，让人们变得敏感而“刻薄”，开始“鸡蛋里挑骨头”，此时面对争议最好的应对就是模糊回应、充分留白、给予更多回旋的空间，适当引导话题向已经定论的事实方向转移。

第四节 04 另觅他法：学会转移话题

毛泽东说过一句话："不解决桥和船的问题，过河就是一句空话。"也就是说，一个问题不从根本上解决，其他的都是空谈。一个不利于自己的话题已经开启，就此继续讨论，结果也是不欢而散。追溯根源，更换话题才是最好的解决办法。有人选择开启新的话题，岔开这一让人烦恼的问题，谈点缓和气氛的内容；有人选择据理力争，定要针对某个问题争个对错出来，最后将双方都推向无法回还的境地，两两相较，还是转移话题更明智。

长时间谈论一个问题，很容易引起双方的分歧，即使是彼此都感兴趣的话题，也有聊尽的时候。这时，停止对原话题发表意见，引出一个关联话题是保持谈话新鲜、愉悦的好办法；若是遇到不想聊的话题，可以适时岔开，也可以寻找相关的话题来继续谈话。

顺势切入，避开话题

在生活中，如果病人患重病住院，医生一般会单独跟亲属交流病人病情。为了让患者安心休息、避免为疾病而烦心，有的亲属会选择隐瞒病情。一对夫妻到医院体检，不幸的是丈夫被检查出患了胃癌，而妻子选择隐瞒病情。对丈夫只交代说："病情不严重，就是简单胃病，住院观察一段时间，好好休养就可以了。"

一天，妻子正在帮助丈夫服药，儿子突然冒失地闯进病房，一开口就问："爸爸，听说您这次的病是胃……"还没等说完，妻子立即打断了儿子的话，笑笑说："胃溃疡，儿子孝顺你，这一听你生了病，赶紧就来了，多大个事啊！"这一打断，儿子也知道自己的失言，顺从母亲的话，说："对啊，爸，我这一听您生病了，急得赶紧赶了过来，中午吃饭了没？"父亲没有察觉二人的小"互动"，就此聊起了午餐。

母亲及时打断了儿子的问题，反而将其因父亲重病的担心表现归到孝顺上，轻而易举地化解了危机，而后儿子也配合母亲，自然而然地转移了话题。这段对话转移了几次话题，首先母亲用一个"胃"字将两个意思不同的词语联系到一起，引开了"胃癌"的话题，将其转移到了"胃溃疡"的话题上；其次将父亲的关注点引向儿子的孝顺；最后，儿子顺势进一步将话题转移到午餐，彻底避开病情问题。

擅长引导，转换话题

若是面对必须立即停止的话题，可以在打断后，快速开启与之紧密相关的不同话题，往己方擅长的部分引导；若是面对意见相左的话题，转换时可以由浅入深，试探性去发言，将对方的思考和兴趣引向另一个角度，判断其反应后临场发挥，不露声色地获得话语主导权，如果不知如何结尾，不妨将话题抛给对方收尾。

双方交流时，也可能遇到这样的情况，对方突然发力，说出一句令人意想不到的话，让人一时彷徨。因此，讲话者要保持灵敏、机警的状态，随时准备应对危机情况。要根据不同的对象，做出不同的反应。若谈话时，出现了尴尬、冷场、他人明显不悦的情况，可以适当变换说话的角度，“故意曲解”别人话语的意思，顺势转移话题，或是“祸水东引”，将话题转移到对方身上。

演员黄渤被公认为是娱乐圈里极具情商的演员，也是难得在行业里备受称赞、基本没有差评的演员。在第五十届金马奖颁奖典礼之上，黄渤、郑裕玲作为颁奖人上台领奖，在颁奖之前郑裕玲却突然在台上调侃起黄渤的衣服来。因为郑裕玲觉得她和其他的香港明星都穿得非常的隆重，很重视金马奖，但是黄渤却穿得非常随意。于是郑裕玲就问黄渤："你今天穿的是睡衣吧？因为我已经五年没来'金马奖'了，所以我是穿得特别隆重。你看台下的刘德华、梁朝伟、成龙，他们都很隆重。"黄渤很机智且自然地回答道："对对对，因为他们都是客人嘛，客人到别人家里去，当然要穿得隆重一点儿。你已经五年没来，可这五年我一直在'金马奖'，这里已经像家一样。回到家里穿什么？回到家里一定要穿得舒服一点儿。"随后，场下响起了阵阵掌声。蔡康永听后调侃道："金马奖不是我家吗？怎么成了你家？"黄渤见此话不好回答，无法再向下延伸，便巧妙地将话题引开，把话题瞄准了蔡康永的"斑马装"，回答道："做人这么久了，只见过人骑马，还没看过马骑人！"全场一片哄笑，气氛也从刚刚的紧张，变成了热闹。

黄渤面对两人的调侃，临场不乱，在这样重要的场合，小调侃回答不好就可能出大问题，但黄渤从容应对，就着装问题，将紧紧围绕自己展开的话题绕到蔡康永身上，可谓是无形中化解危机的典型案例。

迂回控制，转移话题

法国评论家、小说家斯塔尔夫人曾说过："机智，在于发现不同事物间的相似性及相似事物间的差异。"转移话题，就是以迂回的方式控制话语内容。就算谈话主题不变，换个讨论的对象也是可以的。这种转移方法同样能够达到“暂避当前问题”的效果，且内容上又发生了导向性的变化，操作简单而实用。唯一值得注意的是，迂回不是一味逃避，为了防止转移话题后引来对方不满，对他人的言论要给予适当肯定，以真诚的态度倾听，让其说得愉快、尽兴。

从本质上说，转移话题的核心就是让对方的关注点发生转移。若想转移得自然，除了要不断分析对方的情绪和意图、随时调整话题走向；还要注意己方的措辞。首先，尽量多选择客观的形容词，减少主观色彩，措辞妥当，将大大提高谈话效果；其次，不以主观想法评判对方的话语是否正确，以免引起矛盾和冲突；最后，保持求同存异的话题讨论模式，营造一个自由、随意的话题讨论环境。

具体而言，转移话题并不难，只需应用一些小技巧。其一，顺应主题，顺着聊天的话题扩充和延伸，在主题内适当扩展话题面，缓慢转移对方关注点；其二，话语中多添加一些连接词——用但是、不过、而且等词语来使话题转换更自然；其三，多提问，向对方的观点表示疑问，让其详细解答，延伸对方的谈话兴致，而后不露声色地提出其他意见，请求对方发表看法；其四，打比方，己方说话时多举例子，此举目的是让对方融入语言情境，增强话语说服力，当对方习惯跟随己方思路时，再引出其他话题就易如反掌了。

在更为激烈的语言环境中，比如辩论，双方互不相让之际，顺着话题来说，就容易陷入僵持；脱离话题，又违背了辩论的原则。倘若对方话语锋芒毕露，己方被迫步步为营，就可巧妙转移辩论角度，绕开对方占据优势的一面，从其他方向着手，因势利导，灵活变通。

人生不如意事十之八九，他人的思想无法预测，此乃客观情况；而创造新话题，营造自己的优势，乃人力所为。明知山有虎，为何还偏向虎山行？遇到话语陷阱，不妨巧妙绕开。树要想长得茂盛，就要多枝而生，人际交往也是如此，要想收放自如，广交善缘，就要学会转移话题，避开交往雷区。

第五节 05 剑走偏锋：发散思维效果非凡

卡迈恩·加洛在《像TED一样演讲》中说过："你的思维会打破束缚，意识向各个方面扩散，你会发现自己进入了一个美妙、神奇的新世界。休眠的力量、才能和天赋都苏醒过来，你将发现自己比梦想中的还要强大。"与人交流时拥有发散思维，也就是跳脱以往的思维模式，摆脱僵化，用新的方向思索对方的话语意图。掌握这一技巧，就会对他人话语中提供的信息更加敏感，进而洞察其思维。这种由头脑风暴引起的思考，有利于化被动为主动。

《孙子兵法》有云："攻其无备，出其不意。此兵家之胜，不可先传也。"意思说要在敌人没有防备的时候发起进攻，在意料不到的地方采取行动，这种不可预知才是军事取胜的奥妙。同理，在话题的把握上，也可以采取剑走偏锋的方式，利用发散思维让其出其不意、意想不到，从而升起好奇，不知不觉跟着己方的思维继续思考，己方就能灵活地把握话题走向。

通过观察人与人的对话发现，被动者，墨守成规，缺少思考，更习惯于跟随他人的领导；主动者，开拓创新，思维灵活，更喜欢引导他人，这就是双方的区别所在。两种截然不同的思维习惯，决定了双方沟通的效率。缺少思考的人，在与他人对话时，容易被对方察觉话语意图，处处受到掣肘，甚至于正题没引出来就被对方转移了话题；相反，若能积极思考，一个想法能用多个说法传达，给予己方的机会也更多，不仅提高了谈话效率，还避免了对方反感。

逆向思维，化被动为主动

孙膑是战国时期著名的军事家。他在魏国时，魏惠王心胸狭窄，忌惮其才华，就故意刁难，对他说："听闻你才能过人，如果你能让我从座位上走下来，我就任用你为将军。"魏惠王心想：我就是不起来，你又能奈我何！孙膑一听，暗自思考，若是魏惠王就坐在位置上不动，我也不能强行不顾君臣之礼拉他下来啊，将其拉下来赐我一死怎么办？只能让他自己走下来。

沉吟一会，孙膑对魏惠王说：“我确实没有办法使大王从宝座上走下来，但是我却有办法使您坐到宝座上。”魏惠王一听，心中暗道：“这不是一码事吗？我就是不坐下，一样的道理，你又能怎么办！”于是便得意地从座位上走下来，说：“开始吧！”孙膑此时马上叩首说：“我现在虽然没有办法让您坐回去，但已经使您从座位上走下来了。”魏惠王此时才知上当，只好履行诺言，任用他为将军。

在这段对话当中，孙膑使用逆向思维达成了引导话题的目的。他心知魏惠王心里的小算盘，并抓住这一点，从问题的相反面着手，通过连环提问的方式引诱对方，让其思维向对立的方向发展。感觉“此事同理”的魏惠王就掉入了思维的陷阱，而孙膑就此化被动为主动，迅速捕捉到对方的思维漏洞，让其毫无还击之力。**在生活中，用正常的思维常常无法逾越面前的鸿沟，但是发散性思维可以使我们找到别的方式越过鸿沟，实现目标。**

有这样一句话：“常制不可以待变化，一途不可以应无方。”思维发散的核心就是要懂得变通，不能用一种固定不变的方法解决所有问题，事物是复杂的，人的追求是多样的，如果我们仅仅从一种立场、一种角色、一种理论去说话，思想容易片面和匮乏。此路不通就换条路走。每个人都有或多或少的思维定式，没人打破，自然人们都按照固定的模式思考，如火车在固定的轨道行驶，只有打开分轨，火车才会走向另外一条道路，这一点常常被人忽略。

侧向思维转移话题，找到主动权

成事者，能为他人之不敢为，想他人之想不到。在平淡的对话当中，做第一个吃螃蟹的人，看似偶然间获得成功，实际是人为的水到渠成。思想超越他人，就是预先想到，一步步引导对方，在话语中占据优势。面对危机，许多人在慌忙之下，就容易出现无法思考的情况；也有人，会有多个应对策略出现在脑中，一一排列后选择出最佳方案。想要拥有后者的能力，就需要在日常生活中多思考、加强训练自己的思维。

爱默生在一次演讲中提到："人的观点哪怕发生最不起眼的变化，也会给整个世界带来春意。"面对不利的局面，从另一个角度，瞄准问题的焦点作答，回答跳脱出问题本身，却解答了问题。解决问题之后，对方不由自主会继续跟随着己方的思维思考，此时整个话题走向就尽在掌握中，交流岂能不成功！

俗话说："穷则变，变则通。"在现实生活中的很多问题，都可以通过变通解决。主导话题本来就是求变，变换思维角度和话语切入点，没有优势创造优势，另辟蹊径找出适合当前情况的处理方式，坚持思考。由浅入深、由点及面地逐步扩大思考范围，谈话就会犹如蛛丝结网一般串联到了一起。达到这一点，再随意转移话题就不会显得突兀了。

发散思维是掌握话题主导能力的好办法，它的本质就是一种灵活的联想、创新，核心就是“不断关联”和“从无至有”，可以延伸思想，拓宽谈论的内容。若对方提出了于己不利的问题，也可以延迟作答，反向对方抛出开放性问题，围绕这一问题阐述自己的想法，然后关联对方的提问，此时在多个思维点的冲击下，问题的“锋利性”就被“磨钝”，这对于维持人际关系，提升对话效果而言，非常实用。当然，任何事情都不是绝对的，对话中双方的思维都在变化，因此会出现多种可能，此时就要比拼谁更能出乎对方意料，引起对方的兴趣，从而彻底控制谈话主导权。

清代的魏禧曾说过：“变者，法之至也。”天下万物离不开一个“变”字。在生活中看到的口才出众的人，往往都是思维转换快速的人。他们可以用多种形式阐述一件事，从一种思维跳跃到另一种思维上，说话方式也是多种多样，让人听来感觉新鲜、有兴趣，若是再加上精准的用词、流利的表达，与之交流就会感觉时刻都在收获。因此，若想在人际交往中如鱼得水，必须要修炼自己的思维能力。

第5章

言辞缜密：说话办事要有条理

无论在职场中还是在生活中，说话没有条理、没有逻辑，就会让人一头雾水，让人没有继续听下去的欲望。不仅浪费了他人的时间，也给他人留下了不好的印象。因此在沟通中如何做到说话简洁、条理清晰，显得尤为重要。

第一节 01 运筹帷幄：培养个人大局观

“大局”是围棋中的一个术语，指下棋者能够从整个棋局的角度分析和观察形势。而从为人处世的角度考虑，大局观，通俗地说就是凡事从长远考虑，要求我们以长远的眼光审视当前局势，不被纷杂的事物或是乱麻般错综复杂的关系所迷惑，要站在更高的角度，对问题进行多角度、多方面的认识和分析，从中找到关乎本质的关键，精准把握整体和局部的利益关系，将主次矛盾分清楚，并清晰地掌握当前局势，使整体利益最大化，最终找到指导全局的战略部署。

陈澹然在《寤言二迁都建藩议》中写道：“不谋万世者，不足谋一时；不谋全局者，不足谋一域。”纵观古今，成大事者，遇事皆能洞若观火，超脱在事件之外，善谋全局，用一双火眼金睛找到问题的关键，全方位把握事态的发展。当然，学会从大局来思考问题非常不易，但成功后，我们就可对人的行动进行分析，甚至对他人的决策进行预知，不论什么问题，有大局观的人都能在“迷踪阵”当中找到“生门”。

审时度势、合作共赢

有大局观的人，在遇到问题时，擅长审时度势。在现代社会，大局观又增添了新的内容——合作。要想兼顾全局，让事情发展有一个好的结果，就必须坚持合作精神。一个人的能力是存在局限性的，很多事情不可能凭借一己之力完成。著名的智者诸葛亮，德才兼备，多少夸赞的美称放在他身上都不为过，这样的人在刘备去世后事必躬亲，蜀国大事小情都要过问，最后竟然因过劳而去世。诸葛亮是没有大局观之人吗？不是，而是没有办法。因各种原因，很多事情交给其他人来办，诸葛亮都不放心，自己日夜兼程，支撑着蜀国大小事务。随着社会分工越来越细，现代社会开放、多元，更讲究团队的协作、融合，每个团队都是一个小集体，在这个集体中每个人各有能力、各有擅长，将这些集合在一起就是一股强大的力量。

提升思想深度、眼界高度

不论在哪个行业，有大局观的人都会是整个行业的领军人，拥有大局观是一种非常珍贵的能力。我们在生活中应对问题时，要从整体的角度思考，解决细节与整体的矛盾异常重要，这对个人能力要求极高。比如，策划一个6人的晚宴和举办一个高端时尚宴会，对人的能力的要求是不同的，随着层次一点点提高，眼界也需要逐渐提升，你能看得多远，就决定了你能走到多远；否则就如盲人摸象，所知、所闻仅仅停留在那局部的一部分，甚至都无法认清事物的本原。

孔子有个学生，复姓端木，名赐。也就是我们常常在书中读到的那个子贡，他当时的工作有点类似现代的企业家，是一名商人。有一次，他到鲁国外，将一个在外当奴的鲁国人赎回来。他本身受到孔子的“仁德”思想教育，力图做个“雷锋”，施恩不图报，没有按照当时的法律，从国库中获取自己赎人所花费的钱财。那时的法律规定，如果在其他国家赎回了在当地当奴隶、或是过着颠沛流离生活的鲁国人，就可以从国库中获取所花费的资金，也就是说国家报销这部分费用，但是他并没有这样做。孔子听到这件事，却并不认为子贡自掏腰包的行为正确，反而严厉地批评了他：“子贡在这件事上做得不好啊。圣贤之人所做的事，应该是推动社会良好风尚的建立，应该是对普通老百姓起到言传身教的示范作用，而不仅仅是成就个人的美德。”

当时的鲁国富有的人少，贫困的人居多，像是子贡那种用自己的钱财帮助别人的人，太少了。如果子贡自己出钱赎回自己的国人，再到国库取钱，那么就能够带动整个国家的人民，积极帮助流离失所的鲁国人；如果他不去国库领取所花费的赎金，那么虽然展现了他自己的道德高尚，但两相对比之下，就会有人想，我去取国库的钱是不是就证明我德行不够？如此一来，没有财力的人就不会帮助在外的国人；有财力的人也在为了这一虚名而跟风，反而失去了设立这项法律的初衷。孔子的大局观，让他望得比子贡更远。不得不承认，很多人想不到这一层，人们思想的深度、眼界的高度，就决定了他今后的成就，以及说话办事的成功率。

明确本质，着眼当下自己的职责范围

《论语·卫灵公篇》中有这样的记载：“人无远虑，必有近忧。”如果看不清远处的道路，就容易跌跌撞撞迷失方向，那么你必须在当下弄清楚应该做些什么、什么才是根本，要放下细碎无用的小事而着眼于根本。比如，有一家工地，频频出现事故，工人总是被楼侧的梯子砸到，于是包工头命令将“注意安全”的标识挂在了工地的各个角落，希望引起重视。可是这还是没有解决问题，仍旧有人出事故。直到有一位工人将标识换成了“梯子不稳固，请绕路”，自此没有人再出事故。这位工人发现了事情的本质，并从根源上找到解决办法。正所谓“万事万物的发展，离不开其本原”，这是一个有大局观之人必须要认清的一点。

西汉名臣丙吉身为丞相，日理万机。但是，作为一个贤相必须有远见，除了有利国利民之能外，还要协助皇上抓好国之根本。

有一次，丙吉乘车外出，在路上正好遇上人们打群架，死伤的人横七竖八地躺在路上。丙吉从那儿经过时却不闻不问，同行官员觉得很奇怪，又不敢问他，只得陪同往前走。走到另一个地方时他看见有人赶着一头牛，这头牛走得气喘吁吁，热得直吐舌头。这时，丙吉却让车子停下来，派侍卫问赶牛的人：“你赶这头牛走了几里路了？”

陪同官员觉得丞相的想法实在奇怪，刚才在前面路上死伤了人都不闻不问，这会儿却因为一头牛问个不休。于是壮着胆子对丙吉说：“丞相您是不是搞错了，您为什么不问人的情况，反而问牛的情况？”

丙吉意味深长地对他们说：“百姓相斗而死伤了人，管这种事是京兆尹等官员的职责，应由他们派人去抓捕、审理。到年终丞相只负责考核他们的政绩是优还是劣，根据考核的结果奏明皇上对他们进行奖赏或惩罚就是了。我作为当朝丞相，不应该亲自管一些不该我去管的具体琐事，因此刚才路过斗殴的现场，我就不加过问了。但是让我奇怪的是，现在正是春天，天气不应该太热，我看那头牛喘得那么厉害，怕是因为太热了。若是春天就那么热，那就是时令失调，不符合节气的征兆。气候反常可能给农作物和人带来灾害。我身为丞相，是朝廷百官之首，我的职责就是要使国家风调雨顺、国泰民安。只要是有关这方面的情况，我都要负责争取预先搞清楚，才能做到心中有数。因此，我对牛喘气吐舌的现象就不能不亲自过问了。”

经过丙吉的说明，陪同官员都非常叹服丙吉的贤明。**大局观不是将与自己无关的事都揽入自己的范围，而是掌握好自己在大局中所扮演的角色，做出合理行为，在大局中也要有清晰的思维，盲目的大局观只会让社会更加混乱。**

你能让总统去抓小偷吗？那警察做什么？我们要培养自己的大局观，就要分轻重缓急，有些事情该是你做的就义不容辞去做，不该你考虑的，参与进去只会徒增麻烦。

说起来，很多人搞不清楚大局观这种看不见、摸不到的东西，要如何在生活中培养？我没有到那个层次，培养大局观有什么用？

人处于不同的层次，就要有不同的大局观。比如，你开餐厅，就要了解当前的行业形势，人们喜爱什么，自己餐厅的口碑如何，甚至需要预测接下来会流行什么、国家针对餐饮行业出台了什么新政策。如果国家要在附近实行道路改造，而你的饭店不知晓这一消息，只顾着天天钻研新菜，就算客流不息，也会迫于无奈紧急停业，并毫无准备地进行搬迁。实际上在生活中处处都需要大局观。

所谓的大局观，见仁见智。有的人认为坚持不懈，不惜代价获取最终的胜利，不计较得失是有大局观；有的人认为目光长远，按照想去的方向稳定向前迈步，就是有大局观；甚至有的人认为统领全局，保障各方平衡就是有大局观。这些都是正确的，不同的格局会带来不同的效果，但最适合你的才是你的大局观，不同的生活阅历、职业和生活环境，注定大局观有着细微的实践差别，不用寻求一致，也不必过于执着，找到你的大局观即可。

第二节
02 重在达意：本意要表述清楚

吉普林认为：“言语是人类所使用的最有效果的药方。”语言的力量非常强大，将话说明白，把理讲透，让对方“闻其声知其意”，才能达到有效的沟通效果。世上所有的矛盾和误解，或多或少都与沟通不畅有关，因为“听不懂”而造成隔阂的事情不胜枚举。因此，沟通是成功的基础，而做好沟通的前提就是言语明确，清楚地向对方表达出自己的意思。

在西方的传说中，人类的祖先最开始使用的是同一种语言，他们在底格里斯河和幼发拉底河之间发现了一块异常肥沃的土地，于是就在那里定居下来，建造起了繁华的巴比伦城。随着时间的流逝，人们决定建造一个通天的高塔来展示当时的发展水平。因为语言共通，沟通顺畅，所以，没什么解决不了的问题，阶梯式的通天塔修建得非常顺利，很快就高耸入云。上帝看到后，意识到人类即将通天，这是天界不允许的，于是，他让人间的语言发生混乱，使人们互相言语不通。在各说各话的情况下，彼此都不知对方在说什么，思想很难统一，难免出现互相猜疑，各执己见，争吵斗殴。建造工程因沟通不畅而停止，人类的巨大力量消失了，通天塔的建造最终半途而废。

由此可见，语言是传递自己意图的最有效方式。如果语言表述不清，双方的沟通就会出现问题，更别提合作了；如果是能精准地表述出自己的想法，双方建立起良好的沟通，那么万事都有成功的可能。

说话简洁有重点

在生活中，很多方式都能帮助人们更好地传达自己的想法。通过观察发现，越是难以表达的复杂事情或想法，就越是需要简洁的说明。原因在于，太多的细节描述会让人感觉说话没有重点，从而导致注意力无法集中，真正有用的信息就会被忽略。自觉已经全部表述完成，对方听完却是一肚子疑问，双方沟通不顺的焦点无外乎“你说你的，我听我的”，双方看问题的侧重点不在同一处。因此，己方说的内容要有重点，让彼此的关注点集中在一处。

良好的表达，能够提高人与人之间交流的流畅性，不但节省时间，还能更容易达成目的。话语表达能力的提高与不断练习和揣摩是分不开的，字词的组合排列、语句的结合等也是表述方式中重要的部分，不可忽视。不论跟什么身份、什么关系的人讲话，句意清晰才能使对方接收到对称的信息，而后才有机会继续下一阶段的交流，从而达到自己的目的。

但丁曾说过："语言作为工具，对于我们之重要，正如骏马对骑士的重要。"语言作为我们与人交往的主要工具，是向他人传达思想的首要方式，它的重要性毋庸置疑，但派不上用场就等于白白浪费了这种快速达成目的的手段，着实可惜。感觉自己已经知无不言、言无不尽，对方的理解还是与自己的初衷大相径庭，苦恼之下，完全打乱了语言的节奏，反而越解释越乱。

分析原因发现：其一，双方掌握的背景消息不同，有的事情自己知晓，对方不知，在讲述的过程中会不由自主地忽略一些应当告知对方的信息，此时对方只会越听越困惑；其二，表述方式不适合对方，导致双方彼此不理解。

想解决以上问题，其实并不难。在说话办事，遵从本心的同时，要避免语义不明和语言模糊。如果说话时存在这两点，那么会使沟通增加难度，无法明确传达出某一个概念，在让对方自己思考的情况下，就容易造成理解的偏差。比如：“我不喜欢像曹操那样的人。”这句话当中的“那样”两个字表示的意思，恰恰是最重要的，听者不禁猜测其代指的意思，疑惑之下只能反复提问了。因此，使沟通效率降低的往往就是那些含糊的词汇、概念过于宽泛的代指，不是所有人都能品酒断诗经，闻歌知雅意，表述时需要一个清楚的明示。

直接表述，勿过于委婉

南朝宋武帝刘裕本是一个出身贫寒、家徒四壁的平民，后因受到东晋大名士王谧的赏识和推荐，得以到将军孙无终帐下效力，并由此迎来命运的转变。在此后的6年中，他在官场混迹，直到以盟主的身份发动讨伐国贼桓玄的活动，一跃飞升，近乎以火箭般的速度，由一名低级军官跃升为权倾朝野的重臣。得到了高官权势之后，他有了称帝的想法，可无风不起浪，自己的心情无人理解，想将想法摆出来还欠缺一个契机，于是，他想先告知幕僚他的想法，之后再做打算。

由此，在晋恭帝元熙二年初，刘裕在寿阳城宴请臣僚，并在席间说了一番意味深长的话，意在点拨他们，帮助自己完成心愿。刘裕的开场白以回顾艰苦的从军时光为主。他眉目深情，回忆往昔，做出一副缅怀之状，开口说道：“当年桓玄僭号、晋室倾覆时，是孤首倡义兵，和众卿一起诛除国贼、匡扶社稷。此后，众卿又追随孤南征北战、平定四海，如今已经快二十年时间了。”停顿一番，又感叹道：“如今四海承平、皇室安如磐石，孤的志向也算是实现了。孤如今已近花甲之年，富贵至极，再没有缺憾之处。俗话说凡事不能过于圆满，过于圆满则难以久安。孤思虑多日，觉得应该退位让贤，将官爵、封地全部还给皇帝，然后带着一家老小到建康去养老。众卿以为如何？”

本是以退为进，希望幕僚领悟自己的心思，可奈何话语太过冠冕堂皇，这帮“聪明绝顶”的幕僚竟没有听出其中真心，只是一味地称颂他高风亮节，不贪恋权势。刘裕见这帮人错拍马屁而不自知，心中既气愤又悲哀，脸上的神情也是阴晴不定、哭笑不得。有个极为擅长察言观色的大谋士傅亮，看其脸色不佳，后知后觉才反应过来，但也耽误了最佳提醒其他幕僚的时间，因此延误了谋事的时机。

刘裕以退为进、打感情牌策略可谓上佳，奈何他心中的想法实在是在话语中难以体现，众多幕僚都没听出弦外之音。虽说只是个试探，最终也有人后知后觉，但由此还是能够说明，心中所想若不直接说出，只靠对方领悟，还是极难的。说话过于委婉，像是把自己的想法放到了俄罗斯套娃里，让人不断思索、拆解，非知之甚多者，难窥其意。

惠洪在《高安城隍庙记》中有言：“盖五百年而书功烈者，

词不达意，余尝叹息之。”在生活中，说话委婉是种礼貌和技巧，但若是词不达意，对方压根不懂，则有再高超的说话技巧也白费。有道是：“机关算尽太聪明，反误了卿卿性命。”事分轻重缓急，要紧事因沟通不利而耽误，莫不如丢掉绕来绕去的无关引述，直接抓重点，快速传递出心中的想法。除此之外，在话语中减少使用多义词也是讲清本意的好办法，能够有效避免歧义的产生。

爱默生曾说过：“‘辩才’是一种将真理转化为语言的能力，而所使用的语言又能让聆听者完全理解。”所谓能言善辩者，之所以具备成事之能，最主要的就在于他们能将意图融入语言中，并且灵活变换各种表述方式，以让对方理解、接受。在沟通顺畅无碍的情况下，处事自然通达。

第三节

03 言之有序：语言要富有逻辑

弗朗西斯·培根曾经说过：“历史使人聪明，诗歌使人机智，数学使人精细，哲学使人深邃，道德使人严肃，逻辑与修辞使人善辩。”人的才能需要多个领域的学习、熏陶才能获得，想要掌握有说服力的语言能力，就要重视提升语言的逻辑性。

什么是语言的逻辑？

能说会道之人，都是逻辑思维非常连贯、缜密的，其言语排列、话语含义都有强大的逻辑支撑。逻辑就是思维的规律，在语言领域，语序的逻辑就是语言排列的顺序和规律。比如由浅入深的发言，属于递进逻辑；正反例对比发言，属于比较逻辑；针对一个问题进行多角度说明，属于论证逻辑……除此之外，还有时间逻辑，比如从早到晚按顺序说明一件事；空间逻辑，比如向他人介绍我国省份，一般会从南到北、从北到南或是从西向东，按照一定顺序，想到哪里介绍哪里就易让人产生混乱……总结而言，按照一定顺序说话，整个思维就开始连贯，言语就具备说服力。

为何要说话有逻辑?

比起东一句西一句，看似天通地晓的“百事通”类型，语序考究、一言一行都彰显出理性的谈话方式，更能赢得他人好感。试问，谁不喜欢办事牢靠有根据的人呢？语序有逻辑，要求人们在说话之前先要学会思考，拥有正确的逻辑思维，才好掌握说话的时机和内容；而后，学会排列，语序的排列直接影响了听者的思维，先说什么、后说什么都有学问。按照一定的逻辑顺序说话、适当地调换词序，能帮助语义更清晰表述，让对方一听明了，甚至能大幅度提升对方的接受度。

太平天国时期，曾国藩领命到战场镇压起义军，多次战败，每次都要在奏折上如实向皇帝禀报战况。他觉得总是战败也说不过去，刚刚在奏折上写下“屡战屡败”，就踌躇了。如若隐瞒战败，乃欺君之罪，身为臣子不能这样做；如若实话实说，那么皇帝定然不满，轻则罢了他的官，重则直接要了他的命。左右为难之下，他听从了师爷的建议，在奏折上写下“屡败屡战”。奏折上奉，皇帝不仅没有怪他战败，反而认为其面对强敌不屈不挠，绝不服输的精神和决心值得嘉奖。

同样是表达“战败”，“屡战屡败”的意思是每次战斗都失败，言语之间就透露出沮丧之感，将士士气低落，君主定然不满；“屡败屡战”的意思是战斗失败但仍旧在浴血奋战，把将士的血性和忠诚完美地展现出来，君主听后也感到欣慰。曾国藩仅仅调整了语言的先后次序，就更改了对方收到这一消息时产生的想法。由此可见，在不改变事实的基础上，即使再微小的语序变化，也能引起蝴蝶效应，尤其是对对方思考逻辑的影响更为明显。

如何在表达时富有逻辑？

要想快速整理语言，使之具有逻辑，不妨使用一些行之有效的小技巧。其一，理顺所说内容的客观先后顺序，将其按照一定的逻辑思维习惯进行排列，使之具有条理性；其二，针对一个对象进行细致观察，而后依据事实对其描述，并适当加入主观元素，比如心情、思想；其三，多运用形容词，让整个叙述对象的形象更加丰满，使对方第一时间在脑中形成概念；其四，说明时尽量选择肯定语气，减少使用带有不确定性的语气词，比如“吧”“可能”“应该”……避免对方对语言产生怀疑。

按照人们日常思维习惯将杂乱无章的信息表达出来，就可使语言有条理、有逻辑。经常“分类”是一种提升逻辑思维的好办法，通过加强细节观察能力，可以快速寻找出事物之间的共同点，而后在语言中灵活运用。

有文献记载了北宋一个非常有趣的小故事：王安石有一阵突然迷上了研究“字”，并且写了一本学术著作，名为《字说》。一日，苏东坡遇到了王安石，兴致勃勃地问对方：“我这个‘坡’字，怎么解释啊？”王安石脱口回答道：“‘坡’就是土的‘皮’。”苏东坡听后，笑了笑，反问道：“照您所说，那‘滑’就是水的‘骨’了？”王安石听后目瞪口呆，半晌没说出一句话。

王安石拆字时使用的解释并不具备逻辑，缺少事实作为依据，根本经不起推敲，而苏东坡准确地抓住了他的逻辑漏洞，照葫芦画瓢，从二者的共同点入手，反驳对方，最后令其哑口无言。缺少逻辑思维的话语，不仅欠缺合理性，毫无说服力；更重要的是，话语不符合常理、说话没有根据，双方的思维无法共通，形同于“鸡同鸭讲”。

“琴瑟、箜篌、琵琶，虽有妙音，若无妙指，终不能发。”若在两件事情之间建立因果关系，就可以有效提升话语的逻辑性。例如，“股市下跌”和“银行收到诸多企业的贷款请求”能形成因果关系，将其关联整理，就能得到具有逻辑性的描述：“因为股市下跌，所以银行收到诸多企业的贷款请求。”若是加上适当具体的背景介绍，就能使这句话的信息传达更准确：“因为股市下跌，在经济紧缩、市场萧条的影响下，企业资金周转紧张，所以银行收到诸多企业的贷款请求。”由此可见，在事物之间建立联系、阐述事件背景，能够帮助人们理清整个事件。

日本著名战略规划师粟津恭一郎的著作《学会提问：实践篇》当中提到：“逻辑推理能力强的人，通常比较善于提问和搜集信息。”作为发言的一方，掌握更多的信息，就意味着可以着手的角度更多。在特殊情况下，面对逻辑思维强的人，发言者不必事事说明清楚，可以“犹抱琵琶半遮面”地提供一些信息给对方，理顺所有信息之间的逻辑性，让其发挥联想，领悟已方想表达的意思，引导对方一步步走入自己的逻辑思维中。

在清晰思维的指挥之下，言谈举止才能有逻辑、有条理。逻辑就好像排列好的多米诺骨牌，看似每个信息都是独立的，但实际上牵一发而动全身，一个信息发挥作用，成为第一个倒地的“骨牌”，其他的信息也就顺势进入对方的思维中。因此要注意在说话时，按照对方的逻辑，拨动那第一张正确的信息牌。

古代女皇帝武则天，在晚年时想立自己的侄子武承嗣为太子，众大臣当然反对，但如何开口劝谏就成了让人犯难的大问题。此时，狄仁杰站了出来，他没有按照常理分析天下、大讲人伦，反而问了个简单的问题：“侄子日后当了天子，有把姑姑请进宗庙的可能性吗？”从逻辑上分析，这个问题站不住脚，立太子和进宗庙是两回事，之间哪有关联？女人当了皇帝，如何进不了宗庙？但效果却出乎意料，武则天立即停止了立武承嗣为太子的念头。

从常规角度来说，狄仁杰讲人伦、分析天下也属于按照逻辑劝谏，但并不符合武则天的逻辑，说了也只能得到武则天“此理不通”的回应。相反，站在对方的逻辑角度，从武则天正忧心的进宗庙问题入手，本无联系的两件事在对方的逻辑思维里，二者紧密相关，狄仁杰抓住这一点，下猛药，一言正中武则天心坎，由此获得了成功。由此可见，针对对方的逻辑思维进行发言，效果往往立竿见影。

说话东一句、西一句者，虽知无不言，言无不尽，但听者未必尽解其意，颠三倒四的说话顺序反倒令听者混乱，理不明事情原委；按一定逻辑发言，即使是三言两语，只要条理顺畅、言之有据，对方也能迅速理解其意。由此可见，言能见理，理能动人，话语出口，必见所思。

第四节

04 删繁就简：提高说话的效率

俗话说得好："言不在多，达意则灵。"说话简洁是一种高超的语言表达技巧，沟通效率的高低跟语言的多少并无太大关联，关键在于能否抓住重点，简而言之地概括，并清晰地传达给对方。

语言的精髓，在于言简而意丰，精炼而不苍白，缩要而不浅显。诗仙李白，行文飘逸潇洒，能以简洁明快的语言表达出无尽的情思。其诗句用字考究，想必无人不知他那句"举头望明月，低头思故乡。"一共10个字，平铺直叙，却道尽思乡情，耐人寻味，千百年来引得无数读者赞叹。孔子曾说"三人行，必有我师焉。"短短一句话，却点出学无止境之境界，并暗含做人应谦虚的道理，被后人奉为经典，常常被引用和品读。由此可见，语言需要缩减，才会过滤掉渣滓，留下精华。

人与人在交流的过程中，为了使对方快速领会自己的意图，不管是介绍某件事情，还是陈述个人观点、发表看法，都应该注意抓住其中要领，围绕说话的中心，用精练的语言，将问题的本质和特征表达出来。滔滔不绝的谈话固然能体现一个人口才过人，但从繁到简、鲜明地阐述主题更能彰显一个人为人处世的干练。

那么，如何才能使自己语言简练，有效提升说话的效率呢？

说话说重点

学会透过现象看本质，抓住问题的关键点。《教父》中有这样一句台词：“花半秒钟就看透事物本质的人，和花一辈子都看不清事物本质的人，注定是截然不同的命运。”抓住问题的本质，就意味着掌握了谈话的核心。同样是跟老板汇报工作，当其他人还在绕来绕去、寻根究底地发言时，一语中的的人已经在准备下一阶段的工作了。

有人问著名的演说家马克·吐温：“演说是长篇大论好呢？还是短小精悍好？”他没有正面回答，而是讲述了一个故事：星期天，他到一个教堂做礼拜，恰好碰到一位慈善家正在悲悯地讲述非洲慈善家的苦难生活。当他讲到 5 分钟时，马克·吐温立即决定捐助50美元；10分钟过去了，马克·吐温决定将捐款减少至25美元；30分钟过去了，马克·吐温决定只捐款5美元；一个小时后，演讲终于结束了。他拿起钵子向大家求助捐款，当他从马克·吐温身边走过时，马克·吐温反而从钵子中拿走了2美元。

由此可见，原本5分钟就达到目的的事，说一个小时，反而给他人造成了困扰。鲁迅曾说过："时间就是生命，无端地空耗别人的时间，其实无异于谋财害命。"没有重点的说话，冗长而啰唆，让听者感到折磨，也大大降低了说话的效率。结果也证明了这一点，最后，这位慈善家不但没有得到马克·吐温的慷慨相助，反而付出了2美元的代价。

围绕一个主题无限延伸，就会给人造成混乱，不禁升起烦躁之感，对于结果而言，百害而无一利。总觉得没说透、没说深，实乃杞人忧天，殊不知把握了问题的关键，即使只说了短短一句话，也能"药到病除"。

说话说清楚

将话语的全部内容表述清楚，不一定要事无巨细地说明，只要必要的元素俱在，表述清晰即可。福楼拜曾说过："任何事物都只有一个名词来称呼，只有一个动词标志它的动作，只有一个形容词来形容它。"使用一个他人能迅速理解的词来描述，能让对方迅速理解己方表达的意思，从而有效提升说话效率。

宋代大文学家欧阳修，有一次与好几位青年人在一起探讨文学，刚好看到一匹骏马飞驰而过，将一条躺在路边的黄狗给踏死了。欧阳修针对眼前看到的场景，提议让身边的青年人用语言把这个场景描绘出来。第一位年轻人说道："劣马正飞奔，黄犬卧通途。马从犬身践，犬死在通衢。"欧阳修沉吟片刻，摇摇头，觉得太啰唆。第二位年轻人略作思索说道："有犬卧通衢，逸马蹄而杀之。"欧阳修还是不满意，沉吟片刻开口说道："逸马毙犬于道。"周围的青年人连连点头赞叹，敬佩其语言之精练。

在这一场景中，两位主角分别是骏马和黄狗，地点在道路上，事件为骏马将黄狗踏死了。欧阳修话语的精妙之处在于，用短短的一句话阐述了一件事，去掉了多余的过程描述，直接说明事件结果，让人一见明了，迅速接收了这一信息，并且事件当中的所有元素俱在，用词精确，恰到好处。由此可见，说话简洁不代表掐头去尾、为简而简；话语要清楚、明确才可将事情表达明白。

说话有力量

很多人，虽然说话简洁，但没有说到点上，无法发挥话语的力量，平白丢失了机会。提升说话效率，就要使说话有力量，并非通篇激昂的宣泄才能震撼人心，有时，恰恰是几句简短的概括就能产生庞大的影响力。究其原因，话语要精练，但更要注重效果，只有真知灼见才能历久弥新，这才是删繁就简的精髓所在。

陈胜在大泽乡带领人民起义时就说了短短的四十多个字，却动员了九百多人。就算总统演讲获取投票都要长篇大论一个小时，而陈胜仅仅几句话，就收获如此效果，可见其话语才能。“公等遇雨，皆已失期。失期当斩。籍第令毋斩，而戍死者固十六七。且壮士不死即已，死即举大名耳，王侯将相宁有种乎！”意思是你们遇上大雨，已经延误了归期，按律例应当斩首。即使能免于斩首，被发配边疆也要有十分之六七的人战死沙场。况且壮士不死就算了，死就要留下些名声，难道王侯将相就是天生贵种吗？

归期将至，可前路充满未知，陈胜看出问题的本质就是众人面临的生死踌躇，以及不知何去何从的恐慌。他从这一点着手，寥寥几句就道出了众人此时面临的境况，并指出一条新道路。俗话说：“好钢用在刀刃上。”危急时刻的话语就应铿锵有力，最后一句“王侯将相宁有种乎！”道出壮士的一腔热血，激励了低落的人们。动员的机会就在这一瞬，长篇大论误事，字句真挚灼热，直击人心，才可达到目的。

不论是多么复杂的情感、如何深奥的道理，回归本源也不过是一句话的事。这样说可能略显夸张，但是话糙理不糙，很多问题都可一言以蔽之。在特殊时刻，受诸多条件限制，必须抓住重点，讲话提纲挈领，讲清情况至关重要。比如在战场、在救灾现场等，处于千钧一发之际，因为说话啰唆而错失了良机，话语就成了戳向己方的刀刃；若能出口便点明本质，话语就是披荆斩棘、摆脱困境的刀刃。

讲到这里，有人有了疑问：生活中说话简洁，直说重点，岂不是显得冰冷而刻板？实则不然，说话简洁也能达到温和的效果。除了在紧要情况下，与人沟通时，大多数人说话都是在通俗易懂的基础上对话语进行缩减，因为辞藻的堆砌和无数个并列排比，只能显示文采，并不适用于高效沟通。

在不同的语言环境下，可以采取不同的通俗语言进行自我阐述，比如在聚会上要介绍自己，如此热闹的场合，有多人等待发言，每人的发言应简短，冗长的介绍必然会扫了大家的兴致；简短而平淡无奇，又会让人觉得敷衍。“我，一个爽朗大方的典型东北汉子。”一句话就勾勒出一个开朗的东北人形象，既完美地贴合气氛，又达到了幽默的效果。谁能想到，如此通俗而简洁的语言，也能发挥这么大的魅力？

言语繁复，无疑是给彼此徒增烦恼，去掉搜肠刮肚找到的诸多词汇、去掉一遍遍絮言，你会发现，说话没有那么复杂，对方也是“善解人意”的。学会说话简练，不光会促进双方交流，更会提升自己的话语能力。长此以往，由点及面，说话办事的效率也提升了，遇事也能够找到关键点，于己于人，都行方便。

第五节
05 深思熟虑：话在脑中过一遍

纪昀在《阅微草堂笔记》中劝谏人们：“凡事宜熟虑其后，勿过急也。”说话也是如此，将自己的想法不假思索、脱口而出之人，通常缺乏思考能力，往往出口就犯错，惹来旁人侧目，甚至得罪了人都不知。智者，都是三思而后行，谨慎发言，会预先在脑中衡量语言出口于己是利是弊。

生活中，很多人有这样的疑问：“我说的都是事实，为何不能得到他人的认同？甚至还会引来他人的反感？”每个环境都有自己的规则，比如身在职场，就要遵守职场规则。事实如何，他人皆是心知肚明，不言有其理由，所谓“存在即合理”，不经思考说出的话，很容易在不自觉的情况下触碰到他人的“逆鳞”。但反言之，话，不可不说，但如何说，怎样说，都需要在脑海中反复思考。

说话慢点，再慢点

古语有言：“水深则流缓，语迟则人贵。”仔细观察可以发现，成功人士、国家领导人说话都是慢条斯理、不急不躁。面对他人的提问，也是不疾不徐。这是因为他们习惯于思考，说话前、说话时都在思考。急于开口，思考的时间就会缩短，难免有兼顾不到之处，因此，我们在日常说话时，可以放慢谈话节奏，不必急于接话，充分思考过后再说也无妨。

放慢说话的速度和接话的速度，自然在他人眼中就形成了一个温文尔雅、做事有条不紊的形象；而轻易发言之人，不能说其能言善道、反应快，只能称为“爱讲话”。人们喜欢通过一个人的言谈举止定义此人的性格和能力。快速接话，语言就难免粗糙、浅显，从而暴露其内心的浮躁和爱表现，这样的行为是难获他人信任和尊重的。

与人交流，应学会适当停顿，在短暂的交流时间中引起对方的注意，重视你接下来要说的话。人人都喜欢聪明人，就是因为对方会思考，跟聪明人说话，即使话说一半，对方也能通过思考领悟；

很多不好明说的话，其一想便知；很多不应该说的话，聪明人绝对不说，以防落下话柄。但并非人人都有玲珑心，聪明人想10秒能想通的事，我们可以花20秒、30秒去想。俗话说：“好酒不怕酿，话语不怕想。”说这句时就可以思考下一句，抓住每分每秒思考的时间。

权衡利弊再讲话

席勒曾说：“思考是我无限的国度，言语是我有翅的道具。”会说话的人，懂得发言之前要权衡利弊，因为在任何场合下，我们都应该思考话语出口后在座听到的人是什么感受。同样的意思，不同的表达会造成不同的效果，因此，说话前将在场听者与自己的利益关系理顺，至关重要。

首先，要分清你究竟在对谁讲话。虽然说话的是自己，但很多时候说什么话都要取决于对方。比如，对方是你的老板，你在其面前大谈工作辛苦，只会给对方留下爱抱怨、工作态度不积极的印象。其次，分清说话的环境。在公共场合，人越多，注视着你的眼睛也越多，此时说出来的话很快会被传开，尽量挑温和的话语说，这样才是最有利的。比如，参加别人婚礼宴席的你大谈感情失败的经历，在他人的幸福时刻你却说这样不符合场合的话题，只能徒惹他人不快，给人留下此人不识眼色的印象。最后，弄清自己的身份。没有自知之明是人际交往中的大忌，什么身份说什么话。比如，领导拿下了一个大单子，同事都在称赞老板英明、能力强，你急于跟风恭维，脱口而出：“老板，您做得真好，希望下次还能拿到大单子。”这就是称赞有余，恭敬不足，反倒像自己是老板在夸赞员工。

道理人人都懂，权衡利弊，说来简单，不就是挑对自己有利的说、避开对自己不利的吗？话虽如此，但真正做到的人少之又少。德谟克利特说过：“和自己的心进行斗争是很难堪的，但这种胜利则标志着这是深思熟虑的人。”想要将话语作为一种武器，就要学会如何扣动扳机——思考。不能保证“祸不从口出”，就多思考吧！

想好发言的内容

我们要将好的一面展示给他人，这就需要仔细斟酌发言的内容，权衡利弊之后，在头脑中打好草稿，筛选掉无用的废话，使语言精辟、有意义；过滤掉伤害他人的坏话，使语言和善，入耳动听。我们追求高效交流的同时，万不可忽视思考，思考能让说出的话更加流畅。

某省南部连日大降暴雨，造成水患，有人质询农业观测方面的官员该怎么帮助受损的农民。一位官员回答：“根据我们的统计，众多城市都没有达到我们自然灾害救助办法的标准，A城市要达到一亿两千万，而事实上，三个地区加起来损失差不多两千多万而已。”话刚说完，就被愤怒的群众反击，他们抓住了“差不多”和“而已”这两个字眼。身为官员竟然不知道那三个地区的损失总和，并且用“而已”二字是感觉损失太少了吗？这彻底激怒了群众，此官员的形象在群众心中一落千丈。

由此可见，没有想好就急于说话，极易出现话语漏洞。这名官员想表达的意思是那三个地区并没有达到救助标准，但从其言语中，人们得到的信息只有“农民遭受损失，官员却不重视”。可见其用词不当、措辞不严谨，表达方式错误。如此明显的错误，能被群众迅速抓住，官员自己又何尝会领悟不到？因为说话之前缺少思考，所以造成了如此严重的后果，足以见得提前想好说话内容有多么重要。吉斯特菲尔伯爵在《给儿子的两封家书》中写道：“谈话对各种年龄的人都有其乐趣，是很合理的消遣；但是，无知者的谈话就不算是一种。谈话，不能给人们以任何乐趣。”不经思考说出的话，只能暴露自己的无知。

一个人要想说话有条理，就必然需要放慢说话的节奏。鲁迅曾说过：“‘急不择言’”的病源，并不在没有想的工夫，而在有工夫的时候没有想。”缩短思考时间，不仅难以理清思维；更不便整理话语信息。相反，字字句句说清楚，语速慢下来，语言自然就有了温和的味道。说话如机关枪的人，很难让人感到温和，语速太快，他人也不好吸收你语言中表达的内容。

说话就像往瓶子里倒东西，倒得太快，就会倒得多，东西太多，就会分不清是什么。也就是说，说得快，语言漏洞就会暴露得多；慢慢说，才能让人分辨出你要表达的具体内容。将要说的话在脑海中想好，于人于己都是一种保护，避免出口中伤、得罪他人；从而得以保护自己的形象、避免暴露自己的弱点和缺点。

雨果说过：“思考是理性的劳动。”说话办事有条理的重点在于一个“理”字。倘若将其理解为“理性”，那么思考就是成就理性的决定性因素。成功的社交，要三思而后行，言行才有条理、有智慧。

第六节
06 对症下药：区分说话的对象

在《鬼谷子·权篇》当中，总结了一套说话之道：“故与智者言，依于博；与拙者言，依于辩；与辩者言，依于要；与贵者言，依于势；与富者言，依于高；与贫者言，依于利；与贱者言，依于谦；与勇者言，依于敢；与过者言，依于锐。”与不同的人谈话，需要用不同的方式，“对牛弹琴”即是说即便琴声宛若天籁，听者也会毫无反应。因此，说话要分对象，有针对性地发言，才能话语入耳，铮铮作响，不绝于耳。

根据资质区分

有一次，孔子的学生仲由问：“听到了，就去做吗？”孔子回答说："不能。"另一个学生冉求也问："听到了，就去做吗？"孔子说："做吧！"公西华听了感到疑惑，就问孔子："两个人问题相同，而您的回答却相反。我有点儿糊涂，想来请教。"孔子答："冉求平时做事好退缩，因此给他壮胆；仲由好胜，胆大勇为，因此我要劝阻他。"

孔子认为每个人的个性、德行、习惯、能力等资质各有不同，应因材施教。说话也是如此，与人交流时，善言者会不由自主分析听者的资质，这主要是为了避免"言者谆谆，听者藐藐"，鸡同鸭讲的情况出现。在生活中，我们在社交上花费的时间高达80%，而其中50%社交效果并不理想，原因在于分不清对方的话语接受程度，盲目发言。

很多时候，明明自觉言语清晰、意思明确，为何对方听不懂或是拒绝交流？首先，我们要认清双方都是谈话的主体，自说自话不可取；其次，不管是初识还是熟悉，跟人说话都要对对方有一个大致了解，做到说话之前心中有数；最后，不确定对方德行、教养、性格时，要多使用礼貌、通俗的语言，以方便沟通。

孔子带着他的几名学生出外讲学、游览，路上可谓十分辛苦。这一天，孔子一行人来到一个村庄，他们在树荫下暂时休息。正准备吃点干粮、喝点水，补给一番时，孔子的马挣脱了缰绳，跑到庄稼地里去吃了人家的麦苗。

一个农夫上前抓住马嚼子，将马扣下了。如何要回马成了当前的大问题。子贡是孔子的得意弟子，深谙辩论之道，因口才非凡，便自告奋勇去要回马匹，与农夫达成和解。未料，他“之乎者也”的一堆道理说完，农夫压根听不进去，冲他连连摆手，示意让他快些离开。

一位孔子刚收的弟子见到这一情况便对孔子说：“老师，让我去试试吧！”只见他走到农夫面前，笑着说：“你并不是在遥远的东海种田，我们也不是在遥远的西海耕地，我们彼此靠得很近，相隔不远，我的马怎么可能不吃你的庄稼呢！再说了，说不定哪天你的牛也会吃掉我的庄稼哩，你说是不是？我们该彼此谅解才对。”农夫听了之后，感觉有道理，不满也开始一点点消退，便将马还给了他们。原以为才识过人的子贡能够成功，谁想到是一位学识、才干比子贡差得多的弟子办成了事情。

两者的差别在于，子贡没有考虑到自己的“之乎者也”能否让农夫听懂，忽视了对方资质的问题。农夫文化水平不高，太深奥的道理对其而言太过复杂，难以理解，文人文绉绉的说话方式对其而言也难以听懂；新弟子则不然，他知道对方就是一位朴实的农夫，通俗的语言最有用，同时道理也是围绕田地耕作来讲述，便于对方理解，贴近对方生活。从结果上来看，考虑到对方的资质，对症下药，还是非常有效的。

古语有言：“知己知彼，百战不殆。”在对方可接受的限度内说话，即使措辞严厉，也能达到好的效果；和玲珑之人说话，无须多言，语未尽，对方就已尽晓；与见识广博之人说话，问三分，得七分，虚心态度要摆明；与豪爽之人说话，直抒胸臆，万事好商量；与喜斗之人说话，言语要缓，勿挑争端……

根据对方的身份区分

身份既是一个人社会地位的象征；也是彼此关系的证明，但人本无贵贱，人的身份只能作为一个说话时度量把握的参考因素，不论对方社会地位高低、与己关系亲疏远近，说话时，都要以尊重对方为基础，没有平等待人的心，区分他人身份说话就会表现得趋炎附势。都说“知己知彼”，前提就是要知己，拿捏好这个度的重点在于对自己身份的清楚认知。

中国人说话讲求尊卑之别、长幼之序，出言不逊，就容易得罪人。日常说话，与客户交流，需晓之以理，动之以情，重要的是投其所好；对上司说话，要尊敬恭谨；与同事闲谈，要保持机警，亲近而不越距；跟下级谈话，要以亲切为主，恩威并施。

三国时期，魏国有个朝廷官员名叫许允，因办事公正，有较好的名声，魏明帝让他担任了吏部郎的官职。吏部是负责选拔、任用、考核官员的部门，可以说权势非常大。许允上任后，迅速任用了一帮同乡、熟人。这种情况引起了一些人的不满，他们认为许允任人唯亲，以权谋私。一封封奏折被送到皇帝那里，魏明帝听说后十分愤怒，认为许允滥用职权，于是派卫士去抓他。

许允很快就被逮捕了，他被押解带走之前，妻子急得赤足跑出来，再三嘱咐："皇帝虽然身份贵重，但为人英明，你将情况说明，主上重理，莫要求情。"许允含泪答应："我会将理说明的，你放心。"于是，当魏明帝派人审讯许允时，许允坦荡地回答道："陛下的用人原则是'举尔所知'，我的同乡我是最了解的，请陛下去考察他们是否合格，如果不称职，臣甘愿受处罚。"魏明帝听后，觉得有道理，便派人去考察，发现他们在其位谋其职，是适合该职位的官员，于是将许允释放，并赏赐了新衣。

许允提拔的皆是熟人、同乡，虽然并没有不符合朝廷的任官制度，但此举难免会惹人猜忌。皇帝身为君主，身份尊贵，掌握生杀大权，对此事有了疑心后，许允所面临的形势不容乐观。若是别的官员的猜忌，许允可以不理会，但皇帝的猜忌必须正面解决。妻子知晓，面对帝王，"忠君、占理"是非常重要的，力证清白才可逃过一劫。他"举尔所知"的原则符合皇帝的"理"，最终得到帝王的理解。这是典型的根据对方身份选择说话方式和内容的例子。

考虑彼此身份之后再开口是一个好习惯，不分对象地发言，只能暴露自己的无知和浅薄。虽然，每个人身份有高有低，但这并不妨碍彼此之间的交流，正如上述例子，帝王和臣子之间的地位乃是云泥之别，一样沟通顺畅，这是缘于说话的方式、内容正确。

比如，晚辈对长辈，无须事事屈从、迎合，只要拿出尊重、礼貌的态度就可以。反之，呼来喝去，说话轻佻，就会给人缺乏教养的印象。因此，话语的内容和态度都要依照双方身份合理调整。

“见什么人说什么话”是人际交往中重要的沟通技巧。常看到有人办事，两步一坎，三步一跟头，总是抱怨自己的不顺。寻找原因发现，问题出在说话方式上。比如与人合作不默契、说出的话没人听等。要改变这一点，就需学会针对说话的对象组织语言，这是人与人相处的规则，也是人际交往的规律，想要在交际中收放自如，就要遵守交际的规则。

第6章

针锋相对：如何应对语言攻击

在日常生活和工作中，我们可能时常会遇到一些恶意的语言攻击，但更糟糕的是语言攻击很多时候不易被察觉。面对语言攻击时我们该如何做呢？沉默只会换来对方的“步步紧逼”，而反抗也有可能让自己深陷于泥沼之中。这时如何正确地快速反击显得尤为重要。

第一节 01 事半功倍：把握语言反击的有效性

做任何事情都有规则。俗话说得好："没有规矩不成方圆。"说话也要遵守规矩。如果按照事物的发展原则、在尊重真相的基础上，进行语言反击，基本上是已经成功一半了，这形同于策略正确，只差措辞。

面对他人的语言攻击，必须要采取一定的反击措施，不宜过度强硬，以防激化矛盾；也不宜过度软弱，以防对方得寸进尺。反击的最终目的是缓和矛盾，营造一个良好的人际交往环境。想要做到语言反击有效，有一个好的口才是基础，但即使巧舌如簧，若抓不到反击点，话语出口却没效果，也是枉然。因此，把语言作为工具进行反击，必须做到反击有效。

说话前要揆情审势

语言反击有效的关键点在于揆情审势，也就是估量情况、审察形势。在反击之前，先对整个环境和形势有一个准确的判断，比如自己的优势在哪里、劣势有哪些、此时应该说什么话、怎么说等。可以提前在脑海中预演，并且模拟多种事情发展的可能性，力图发言谨慎，一招制敌。

言语没发挥效果，自己就会陷入更被动的境地，再想翻身不易，因此发言前揆情审势是一个必要的步骤。具体而言，首先确定自己发言的针对点，也就是矛盾主要爆发处，勿将更多的人牵扯进来，就事论事，以化解事端为主；其次，在反击时，注意挑选优势点，利用这一点全力争取胜利，不应采取偏激的态度，得罪于人，以免将本来占理、有支持者的优势白白葬送；最后，不在没有意义的事情上做意气之争，双方对垒，对方挑起别的话头，故意挑衅，己方应该控制好情绪，不受煽动，按照原本的分析，巧妙引回正题，进行有效反击。

孰是孰非暂且不论，面对损伤自己利益，甚至对自己造成严重伤害的行为，占理的一方一定不能忍气吞声。即使形势于己不利，也要就事说理。在生活中，我们常常会遇到各种矛盾、纠纷，或是为了讨个公道；或是为了解决问题回归宁静生活……不管因何理由，“一棒子敲死别人”，都不是回击对方的上佳之策。现代社会，讲求打造一个和谐的社会交往关系，多一个朋友多条路；面对敌人，能够化敌为友最好，若是实在难解心中隔阂，也要留有余地，勿要扯大纠纷、步步紧逼，甚至疯狂向对方施压，最后只会让双方郁结更深。如此，也是一种对于形势的衡量，语言的回击，总而言之要以摆脱劣势、息事宁人为主。

说话时要注意技巧

要让语言反击有效果，必须巧妙使用一些语言技巧。第一点，仔细分析对方所说的话，比如话语中的疏漏，若是对方还没说完，请不要立即打断，要做到不露声色，仔细观察；第二点，表现出从容、坦荡的态度，说话简明扼要，针对对方的观点依次进行反驳，显得条理有序，以递进方式说明自己的观点；第三点，牢牢把握语言的节奏，或者快，或者慢，都要根据对方的反应，合理判断；第四点，讥讽和责骂的话语不要有，这些话语会让双方的矛盾愈演愈烈，旁观者也会在听到这些话语时，产生反感。

除了语言有技巧外，也要融入感情，正所谓：“动之以情，晓之以理，在理由充分的情况下，语气要委婉，在其中加入自己的感受，能够使话语更加真诚，甚至有时还需要穿插一些理解对方情感的话语，以此来缓和双方的矛盾。虽然我们必须坚持立场和自己的道理，但也不能忽视情感的表达，情感会让语言更具备说服力。同时，我们还可以在说话时，增加更多的表情和动作，态度要坚定、情感要温和，控制好语言的强弱度。除此之外，话语要尽量有深度、有广度，抛弃废话，但可以适当加入一些合情合理、易于理解的比喻，使言论更加丰富。

说话结束要保持风范

反击的有效性，体现在有条理地进行反击，让对方即使愤怒，也无从辩驳，彻底打消对方坚持己见的想法。而积极的反击，重点在于态度的得当和措辞的适中。

清末学者辜鸿铭在英国留学时，时常感到生活孤独，人在异国他乡总是非常思念祖国。每到中国传统节日，他就会按照中国的节日习俗，摆下供桌，在上面放上许多丰盛的酒菜，用来祭祀祖先，缅怀家乡，抒发乡情。有一次，房东太太看到他跪在桌子前，三叩九拜，就用轻蔑的口气说道："喂，小伙子，你这样认真地叩头，你的祖先会到这里来享用这些酒菜吗？"辜鸿铭内心大为光火，实在不能忍受不尊重其他民族的习俗和文化的行为。于是他以彬彬有礼的态度回应道："想来，你们到处给你们祖先奉上鲜花，你们的祖先该嗅到鲜花的芳香了吧！"

辜鸿铭明明火冒三丈，却还是克制住了脾气，保留了个人的素养，但平白无故被人侮辱自己国家的文化，太令人气愤，而且对方话语的讽刺意味浓厚，辜鸿铭也使用了对方的提问方式，以相同的方式反击回去，也就是“以子之矛，攻子之盾”。

因此，在还击对方之后，要注意保持谦和的态度，最大程度减少对方的挫败感，有助于消除彼此的恩怨。俗话说得好：“冤冤相报何时了？”对你使用恶毒的语言进行攻击，我们就要用恶毒的语言回击吗？人身攻击乃是双方语言交锋中最低劣的表现。因此，在生活中，即使遇到言语恶毒、蛮不讲理之人，也不要失去自己的境界与其对骂，反倒应该冷静地分析，用最少的时间找到对方的言语错误和话语漏洞，而后，用铿锵有力的语言和铁一般的事实集中反驳这一点，最后战胜对方。

第二节

02 以直报怨：以其人之道，还治其人之身

《论语·宪问》中有这样一段对话，或曰："以德报怨，何如？"子曰："何以报德？以直报怨，以德报德。"意思是说，有人说："用恩德来回报怨恨，怎么样？"孔子回答："这样做该如何面对帮助过自己的人？用公平正直回报怨恨，用恩德报答恩德。"做人应该正直，对于别人给予的恩德，要抱有感激之心，对于别人给予的伤害，要以正确的方式去对待。

《老子》有云："祸兮福之所倚，福兮祸之所伏。"福与祸并不是绝对的，而是相互依存，相互转化。任何事情都有一定的限度，当人所受到的伤害、痛苦等超过了自己的承受能力时，人

们往往会选择以彼之道还施彼身。

《旧约全书·申命记》有这样一句话："若有别害，就要以命偿命，以眼还眼，以牙还牙，以手还手，以脚还脚，以烙还烙，以伤还伤，以打还打。"当人做错事时，就应该受到相应的惩罚。

"人不犯我，我不犯人，这是原则；人若犯我，我必欺人，这是规则。"当原则被破坏时就要用规则惩戒。做事应该讲求对等，做人亦当如此。所谓："爱人者，人恒爱之；敬人者，人恒敬之。"爱别人的人会得到别人的爱戴，尊敬别人的人会得到别人的尊敬。简言之，你对别人如何，别人就会对你如何。

唐朝女皇帝武则天为了维持自己的统治，采用严刑峻法，铲除异己。因此，武则天手下有很多酷吏，这些酷吏每天绞尽脑汁制造酷刑逼供犯人。武则天最信任的酷吏有两人，周兴和来俊臣。他们二人是当时非常有名的酷吏，很多人冤死在他们手中。有一次，周兴被人密告伙同丘神绩谋反，武则天便派来俊臣去审查这个案件。来俊臣在冥思苦想之后，终于想到一个计谋。

一天，来俊臣请周兴喝酒聊天，来俊臣假装满脸愁容地对周兴说："最近审问犯人总是没有结果，请教周兄，不知有什么新绝招？"周兴一向对刑具很有研究，便得意地对来俊臣说："我最近发明一种新的方法，将犯人放在一个大瓮中，四周堆满烧红的炭火，再顽固的犯人都会招供，没有人能够受得了那种滋味。"于是来俊臣便吩咐下人按照周兴所说去执行，然后对周兴说："有人告你谋反，皇上命我来审问你，如果你不老实招供那只能请你进这个大瓮了！”周兴听了惊慌失色，只好俯首认罪。

来俊臣原本并没有想到比较合适的办法来审问周兴，假意请教周兴审问犯人的办法，周兴正得意于自己所发明的新办法能够对来俊臣有所帮助，不承想，刚刚发明出来新的审问犯人的方法却被来俊臣用来审问自己。

《中庸章句集注》有云：“故君子之治人也，即以其人之道，还治其人之身。”意思是说，君子的治人之道就是用他对付别人的方法来对付自己。

在生活中，可能每个人都经受过别人的攻击，或者是受到行为攻击，或者是受到语言攻击，行为攻击给人带来的是表面伤害，在短时间内容易愈合，可是语言攻击给人带来的却是心灵伤害，难以在短时间之内痊愈。因此，无论人们遭遇何种攻击，以其人之道还治其人之身都是一种上佳的应对攻击的方法，这种方法可以第一时间还击别人，保护自身。

当然，现实中的语言环境可能更复杂，碍于身份、场合等条件的限制，反击时会出现很多阻碍，不能直接表达自己想说的话，只能通过有意识地委婉表达，巧妙地引诱对方忘记自己刚刚说过的观点，然后说出新观点，这恰好与自己说过的观点相悖，如此一来，对方便是自相矛盾，与他人无虞，谁掌握着真理则不言而喻。

有位县太爷想刁难一位憨厚的农夫，他诬陷农夫伙同乡里百姓借口天旱粮食歉收，抗拒缴纳租税，定农夫抗交皇粮的罪名。农夫被毒打一顿之后，县太爷限他三天之内交出两个“公鸡蛋”，否则就将被处以死刑。农夫不知所措，但他的妻子聪明机智。

三天后，农夫的妻子代丈夫来到公堂回话。县太爷劈头怒喝：“你家丈夫为何不亲自来面见？这分明是目无本官！”农夫的妻子平静地答道：“回县太爷的话，我家丈夫怎敢目无县太爷，而是他正在家中生孩子，实在脱不开身，才叫民妇代其前来的。”县太爷此时早已忘了自己要“公鸡蛋”的荒唐逻辑，怒喝道：“什么？你家男人也会生孩子？真是天大的笑话！大胆刁妇，竟敢愚弄本官！来人呀，给我打！”农妇听罢却挺直腰杆，面无惧色，大声喊道：“且慢！大人，既然男人生孩子是天大的笑话，那么公鸡生蛋不也是天大的笑话吗？您令我丈夫交出公鸡蛋，岂不也是在愚弄百姓吗？”荒唐苛刻的县太爷被驳得哑口无言。

这是一则著名的民间故事，也是以其人之道还治其人之身的典型例子，利用对方的逻辑来反驳他，对方陷入了进退两难的境地，最后不得不甘拜下风。面对语言攻击时用这种方式还击，能够一语击中要害，反击有力，让对方既无招架之力，又无还嘴之力，最终取得语言交锋中的胜利。

人们常说：“严于律己，宽以待人。”针锋相对给彼此带来的伤害是一样的，做人要宽容些，何必咄咄逼人，互相攻击。《孟子》有云：“仁者爱人，有礼者敬人。”仁慈的人爱人，有礼貌的人尊敬人。《荀子·荣辱》中说："与人善言，暖于布帛；伤人之言，深于矛戟。"对人说礼貌的语言，会让人感觉比布帛还要温暖；对人说攻击性的语言，给人带来的伤害就像长矛、利戟刺人一样严重。

第三节 03 棒打七寸：善意威胁拿捏要害

《吴下谚联·打蛇打在七寸》中曾有言：“蛇有七寸，在头之下，腹之上，觑得清，击得重，制其要害之处，得之矣。”捕蛇的要领是掐其七寸，一招定乾坤，这给了我们启示——反击他人的语言攻击，也应如此理。

社会在飞速发展，在这个竞争激烈的时代，人人都在争分夺秒地努力奋斗，做事的目的性也越来越强，人际交往也是如此。但社交不是一朝一夕的事，它需要长久的维持和经营，这必然需要耗费时间和精力。在与他人有纠纷之时，要迅速解决，找到解决事情的核心点。

在《孙子兵法》中，有一计名为“擒贼先擒王”。两军对垒，取敌将之首级，会更容易赢得战争胜利。杜甫也曾作诗一首《出塞》：“挽弓当挽强，用箭当用长。射人先射马，擒贼先擒王。”这些都是在强调抓住要害的重要性。我们在处理语言矛盾时也可参考这一点。抓住对方的要害，将会省去很多口舌，直击对方在意的核心点，往往事情很快就会解决。

在生活中，遇到他人对己方进行语言攻击，应先判断双方是否还有重归于好的余地。若是已经没有和好的可能，选择善意威胁的方式反击是非常合适的，既可低调地保护自身，同时又可以平息恩怨，将矛盾压下，避免双方围绕此事反复纠缠。

有人疑问，何为善意威胁，拿捏要害？我们拿捏他人要害威胁的目的，如果是为了将对方置于死地，中伤他人，是为行恶；如果是为了息事宁人，保护自己，这是自我防御的手段，是为善意。

三国时期，刘备通过鲁肃借来荆州，却迟迟不愿意归还，而且命令关羽镇守荆州。当时的东吴，周瑜已经去世，鲁肃被任命为大都督，他屡次向关羽讨要荆州不成，便心生一计，试图骗关羽过江，计划是好言相劝，如若不肯就立即拿下，起兵荆州。

鲁肃设下宴席，非常热情地款待关羽，同时又暗下命令让吕蒙等将埋伏。关羽知道鲁肃摆宴席的目的不单纯，此乃“鸿门宴”，于是为了迷惑鲁肃，他只带了周仓等少量人马过江赴宴，推杯换盏之际，鲁肃几次开口，明示、暗示关羽归还荆州，但都被关羽以酒宴之上不谈公务、损伤感情等理由挡了回去。

临近酒宴结束，关羽看时候差不多了，就打算离开，鲁肃见关羽毫无归还荆州的意思，就打算让埋伏的军士动手，活捉关羽。关羽洞察了这一点，一把拉过鲁肃，将其一并带到江边。一路上，鲁肃的兵马只能按兵不动，眼睁睁看着关羽一行人上船离开。由此，关羽既守住了荆州，又得以不费吹灰之力，全身而退。

三国时期，群雄争霸，荆州应该归属于谁暂且不论，但就此事分析，鲁肃设下陷阱等待关羽，对方却机敏地发现他的意图，做好了万全的准备。关羽活擒鲁肃，一来，为了保全自己，威胁对方不要妄动；二来，守住荆州，不被对方的糖衣炮弹迷惑。威胁鲁肃的目的只是为了做好自己的本职工作并保护自己，并非谋取利益或陷他人于不义，完全属于善意的威胁。

仔细观察就可发现，任何事情都有“开关”，找到开关，就是找到解决此事的核心关键点。归根究底，此法高效的原因在于，它的原理是化繁为简，比起漫无目的如无头苍蝇般在对方的言论里绕弯，直接跳过打太极、直击痛点，才是最快速、最有效的方法。

善意拿捏要害，能产生让攻击者立即停止攻击的效果，由此将己方的损失降低到最低程度，快速瓦解对方的攻势，以免事情随着不断发展出现变数。这一回击方法要求我们快刀斩乱麻。对方的思维会随着己方的行为而变动，而事情也会因为双方的言行而发生改变，为了防止在言语攻击中使事情越变越复杂，迅速找到对方的要害，直接摊牌是最好的方法。有道是："兵贵神速，迟则有变。"

历史上著名的"完璧归赵"的故事，就很好地体现了善意威胁的作用。赵惠文王得到楚国的一块宝玉叫"和氏璧"，秦昭襄王听说后，就派人给赵惠文王送去一封书信，说愿意用15座城池换取和氏璧。话虽如此，但秦国实力强盛，这要求提出来也是不容赵王拒绝的。于是，赵国的蔺相如就带着和氏璧去了秦国。秦昭襄王大喜，但是蔺相如看出秦王没有用城池抵偿赵国的意思。对方毁约在先，蔺相如只好以毁玉的行为威胁秦昭襄王，对方无奈之下，划出城邑15座。但蔺相如心知肚明，秦王只不过以欺诈的手段假装把城划给赵国，实际只是图谋要玉，得到了玉，就会翻脸不认人。由此，蔺相如又要秦昭襄王也应斋戒5日，再郑重其事地交换。秦昭襄王应允。蔺相如便派随从怀藏和氏璧，偷偷返回赵国。秦昭襄王斋戒完毕，蔺相如才把和氏璧送回赵国之事告诉秦昭襄王，从而保全了和氏璧。

从这一历史典故中，可以看出，对方撕破脸面之后，己方如果坐以待毙只能吃闷亏，秦昭襄王在乎的是玉，蔺相如看出这一点，用毁玉的行为拿捏住秦昭襄王，稳住了对方；而后以缓兵之计拖延交玉，最终争取到了时间，既完好无损地带回了宝玉，又彻底打消了秦昭襄王的念头。

每个人都有做人的底线，人不犯我，我不犯人。他人对己方做出恶劣言语的攻击行为，是他人之过，如果逆来顺受，就会给对方养成习惯，继而对你态度随便、肆意拿捏。此时，只有抓住对方的弱点，彻底压住对方嚣张的气焰，才可一劳永逸。就算是善意的威胁，也要有刚硬的力度，让对方感受到你的坚定，感受到你反击的态度，抓中对方的漏洞和弱点攻击，在对方应接不暇时，击败对方。当然，要保证威胁是以事实为依据，而不是凭空捏造而来。如果是后者，一旦被对方察觉，己方就会面临全盘崩溃的境地。

古代有一将军造反，他趁皇帝出宫围猎的时候将皇帝及侍从困在林中，不断逼迫皇帝交出传国玉玺，将皇位禅让于他。将军威胁时声称："我现在已经完全掌握了皇城的禁卫军，他们已经完全效忠于我，如果现在皇上让出皇位，我可以网开一面留你一命，送你到偏殿养老。但你再顽固抵抗，就只有死路一条。"

原本，皇帝不知对方的底牌，内心十分慌张，以为他有了什么造反的凭仗。可是听到对方的话语，皇帝已经心中有数了。原来，皇城禁卫军正在赶来救驾的路上，皇帝只怕将军留有后手，附近有埋伏。可是，将军的这一番话却暴露了他对皇帝的准备全然不知，他对皇帝的威胁只是凭空捏造的谎言。由此，皇帝知道了此战必胜，很快稳下心神，继续与将军周旋，最后，大军赶来，一举把将军拿下。

将军在威胁他人时，犯了最严重的错误——没有拿捏住对方要害。皇帝担心的关键点，将军并不知道，如果换成“已重兵在侧，埋伏等待皇帝的后援，我已经知晓皇上的所有打算”，恐怕此话一出口，这位帝王就已经动摇了八分。虽然我们不提倡谋私利、行恶威胁，但是不论是善意还是恶意，威胁只有管用才有价值。

面对对方强硬的语言攻击，威胁是一种坚决的反抗，一旦没有找准对方的“七寸”，或是己方的威胁被他人识破是虚张声势，那么很可能被对方反将一军，再想获得优势就困难了；反之，威胁正中对方“要害”，即使存在故意夸大的成分，对方也会深信不疑，从而主动让步。没有找到关键点，话语就没有杀伤力。

第四节 04 据理力争：硬气回应表明立场

古语有言："从善如登，从恶如崩。"被他人的恶言影响失去理智，冲动之下作出偏激回击，不可有；要做到稳如泰山，向对方表明自己的观点十分不易，这需要强大的实力支撑，才能让对方感受到自己话语中的重量。

徐悲鸿曾说："人不可有傲气，但不可无傲骨！"遇到任何事都不可丢失傲骨，在维护自身尊严、名誉、德行的关头，说话要底气十足，态度要强硬而坚定。以我国的抗日将士为例，面对侵略自己国家的敌人，不论对方以什么为筹码进行胁迫、威逼、诱惑，都不为所动，展现抗日将士坚不可摧的磅礴力量和绝不动摇的钢铁意志。在敌人侮辱我们的国家时，抗日将士即使在危难中也要开口反驳，就是这样的傲骨推动了我国抗战的成功。因此，人在大是大非或是关乎做人的事情上，必须展现出不容侵犯的坚决。

坚定立场，展现民族气节

南宋有一位著名的民族英雄——文天祥。当元朝派出重兵南下侵略南宋时，作为文官的文天祥听到了消息，拿出自己全部身家财产，召集了三万壮士，组成义军，毅然弃文从武踏上战场。

这时有人质疑文天祥的做法，认为文天祥是“虎羊相拼”，他那么少的人怎么能抵抗重兵出征的元朝大军。

文天祥却说：“国家有难却无人去解救是我最痛心的事情，我的力量虽然单薄，但是也要为国尽忠尽力。”

虽然文天祥满腔热血为国，终究敌不过元朝的猛烈进攻。南宋的统治者最终向元军投降了，但文天祥依然坚持抵抗。他对大家说：“国如父母，救国如救父母。父母虽病入膏肓，但儿子还是需要全力救治！”

不久，文天祥就兵败被俘，但仍不肯投降，还写下了有名的诗句：“人生自古谁无死，留取丹心照汗青。”以此来表明自己坚持民族气节及至死不变的决心。他舍生取义的救国精神，至此代代相传，成为了中华民族宝贵的精神财富。

孔子曾说过：“鱼，我所欲也；熊掌，亦我所欲也。二者不可得兼，舍鱼而取熊掌者也。”事分轻重，人讲得失，面对侮辱自己、揭人短处的语言攻击，需要舍去瞻前顾后、踌躇的心态，给予反击是此时的重中之重，任由他人言语侮辱，只能助长他人气焰。如果所有人面对强权、困难时，都不肯出言反击，那么正义就得不到伸张，你的世界永远是黑白颠倒的。往大了说，如果无人愿意顶住压力，据理力争，那么，长此以往，人们就无法分清楚是非黑白，何为对错；往小了说，如果掌握真理、正义和道德的优势，却不维护自己的权益，就只能一直忍受欺辱，抑郁度日。

强硬拒绝，捍卫国家尊严

2018 年 6 月，美国多家媒体报道，美国政府希望包括盟友在内的所有国家在同年 11 月 4 日之前停止从伊朗进口石油，否则将面临美国制裁，而且不会给予任何国家豁免。消息一出，英、法、德等国，本着自己是美国盟友的身份，纷纷寻求美国豁免。但像中国、印度等，则表示不会遵守美国的单边制裁，只会遵守联合国的合法决议。

在 2018 年 6 月 27 日的中国外交部例行记者会上，有记者提问：“据报道，美国政府高官称，美方要求包括中国在内的一些国家停止从伊朗进口原油。中方对此有何回应？”

外交部发言人回答：“我看到了有关报道。这是不是美国政府的正式主场，你只能向美方求证。中国和伊朗是友好国家。我们在符合各自国际法义务的框架内保持着正常交往与合作，包括经贸和能源领域的合作，这无可非议。”这段回应也不长，但立场已经阐述得非常清楚，中国与伊朗符合国际法的正常交流合作，合情、合理、合法，该继续的还会继续。中国坚持自己的策略坚决不动摇。

中国在国家尊严、主权问题上坚决不会退让，不论是语言威胁还是行动威胁，我国都不会在原则问题上退让。作为一个拥有独立主权的国家，绝不会仰人鼻息生存和发展，在面对威胁和侮辱时，都会硬气地回击，也正是如此，中国才能在国际上有话语权。

尊严是自己维护来的；他人的尊重也是在你表达自己的基础上，获得了他人认同而得来的。首先，面对别人的质疑、威胁、不尊重，要将态度表现得刚硬不折，立场要鲜明，让对方感受到你的必胜信念；其次，言辞犀利，掷地有声，让对方如同当头棒喝；最后，反驳的理由要充足、占理，列举的实例或论证要真实可查，即使对方在鸡蛋里挑骨头也无济于事。话语充满说服力，站在正义的角度，哪怕是对方位高权重或是实力强盛，都无可畏惧，既能保证自己处于主动，又能震慑对方。

力争还击，维护自身权益

齐宣王是个骄横、虚荣的人。据《战国策》记载，有一次齐宣王召见颜斶，齐宣王坐在自己的宝座上，眼神中露出鄙夷，摆出一副骄横之态喊道："斶，走过来。"走过来的颜斶对此很不满，他也学着齐宣王那高贵的样子，对齐宣王呼道："王，走过来！"

齐宣王气得发抖，左右侍臣见状吓得头冒冷汗，慌忙对他呵斥道："王是人君，你是人臣，王叫你过来，天经地义；你叫王走过来，难道可以吗！"颜斶却半点不露惧色，不慌不忙地辩道："若论道理应该可以。我若走过去，是仰慕王的势利；而我呼王过来，则是让王表示趋奉贤士。我觉得与其我做仰慕势利之事，倒不如让王做趋奉贤士的好君王。"宣王尽管心里明白此乃诡辩之词，可自己是君王，对方态度未免太嚣张，完全不顾自己的权势威压，但面对颜斶这等爱君爱国的高论也不好发作，一场险情就这样过去了。

颜斶以巧言妙语说得齐宣王无法发作，既维护了自己的尊严，又给予了对方有力的回击，还在高危险情中全身而退。他不畏强权，用铿锵有力的话语告诉君王，一个臣子也需要君主有礼地对待。他的言论无错可挑，即使对方掌握着至高的权力、动动嘴就能要其性命，也只能忍下这口气。

在生活中，人在面对他人轻慢的态度，以及呼来喝去的行径时难免心中有气，此乃人之常情。现代社会讲求人人平等，虽然每个人身份不同，但做人的基本原则和道德不能丢失。先且不论所谓的“尊卑”态度之分，遇到这样的情况本就应该展现自己的尊严不可践踏，但破口大骂无异于侮辱他人，自己又和对方有何区别呢？因此，即使态度强硬，也要用就理论理的表达方式。

第五节 05 绵里藏针：平淡中彰显实力

绵里藏针，要求我们在无声无息之间委婉地展现出自己的实力，通常以暗示为主，具有“犹抱琵琶半遮面”的美感。在反击过程中，尽量使用平和的语调，语句严谨，给对方充足的面子，用尊重他人的措辞表述，甚至可以给对方一个台阶，主动示好。在不伤害对方情感和面子的同时，体现自己不容欺辱的态度。在通常情况下，对方会就此收手，甚至主动抛出结交的橄榄枝。

实力强大者，众人追逐其脚步，但只能望其项背，不敢在其面前造次。实力是能够让任何语言攻击自动消失的关键，它像一块盾牌，为自己撑起坚不可摧的防御。他人之所以不敢对有实力的人言语不敬，是因为实力的差距让其明确意识到此举是以卵击石。因此，想要杜绝冲你而来的言语攻击，必须培养起自己强大的实力。

如果你的实力展现在明处，让他人忌惮、尊敬、欣赏，那么对方就会自动收敛自己的行为；但如果你将自己的实力藏在暗处，低调得没有被他人发现，那么就可能被他人当成好欺负的对象。遇到对方藐视自己的情况，可以巧妙展现自己不容小觑的实力，点到为止地震慑对方，毕竟不知者不罪。在社交中谁都有犯错误的时候，即使自身强大也要给别人留一些余地，本是反击却变成恃强凌弱就没趣了。做到控制好事态，给对方留有颜面，岂不是更能展现出与你实力匹配的心胸？

以柔克刚，巧妙面对语言攻击

2012年，在瑞典的斯德哥尔摩音乐厅举行了诺贝尔颁奖仪式，我国著名作家莫言荣获诺贝尔文学奖。这样的成就让国人自豪和骄傲，但也给莫言引来了嫉妒。瑞典媒体质疑莫言此次获奖结果“不公平”，因为他们认为评委、汉学家马悦然与莫言有私交，可能存在莫言获奖不公的情况。

在面对媒体尖锐的质疑时，莫言表现得非常机智得体。虽然莫言的名字是“莫言”，但是他的多次发言都是让人印象深刻，这次更是在国外的媒体面前“一鸣惊人”。针对自己和评委马悦然是私交的问题，莫言的回复是：“我第一次到欧洲，与一个意大利女孩有一面之缘。结果，她给我写信，抬头就是‘亲爱的莫言’。当时看得我心潮澎湃，以为她对我有意思。我的朋友告诉我，这只不过是外国人出于礼貌的习惯而已，不要做太多联想。”

莫言面对他人对自己获奖的质疑，并未有过“我是凭借实力获奖”或是“评委与我的关系并不影响评奖”之类苍白的解释，反而跳脱出寻常思维，暗喻对方联想过多，可谓是，以柔克刚。既巧妙地摆脱了媒体的咄咄逼人和猜忌，又指责了对方的无理，展露了一个文学家的风骨和傲气，又不给人狂妄、目中无人之感，将自身的智慧和良好教养展露无遗。

面对他人的语言攻击，占理的一方有时也需要注意措辞，当就理论理已经无法消除对方的歧见时，可以使用听起来柔和，实则内容带有警告、谴责的语言来反驳对方。我们反驳的主要目的在于在无形中震慑对方，如果对方在你平淡的语言中，感受到畏惧、知晓立即收手，那么就达到了反击的目标。

手段刚硬，强势逼退无理之人

有一次，生物学家巴斯德在实验室工作时，突然有一个男子走进来，指责他诱骗了自己的老婆。对方咬定不松口，被污蔑的巴斯德被对方的胡搅蛮缠闹得头痛不已，但是他仍然没叫人将其轰出去，因为这样无法解决问题。对方提出决斗，可是自己本是清白，又为何要为这种荒谬之事搞得两败俱伤？

此时，巴斯德沉吟片刻，开口说道："我是无辜的……但是你不相信，如果非要用决斗解决问题，那么我有权选择武器。"对方觉得有理，同意了。巴斯德指着面前的两只烧杯说："你看这两只烧杯，一只装有含天花病毒的水，另一只装有纯净水。你先选择一杯喝掉，我再喝余下的一杯，这该可以了吧？"那男子怔住了，对于死亡的恐惧胜过了此时的愤怒，他尴尬地摆摆手，最后取消了决斗。

面对这样偏激、不讲理之人，就要用更刚硬的手段震慑他，但直面表现出来对方会被激怒，反倒让事情越闹越大。巴斯德以弱势的姿态提出了一个对方都难以接受的极端解决方式。当然，这只是为了逼退对方，他知道对方就是一时气愤，还不至于要拿生死作为筹码，这一个提议直接让对方冷静下来，恢复理智。

平稳心态，无声化解尴尬矛盾

面对他人的语言攻击，平稳的心态尤为关键，这会让你拥有清晰的思路。具体而言，要想在无声无息中化解矛盾，首先，需要"躲避"，也就是避开对方情绪激动的点，在对方不理智的时候，不做任何回应；其次，在进行反驳时，不要针尖对麦芒地反击，这样只会无限激化矛盾，最好使用较为和缓的语言表达出你的意见，以展现个人的心胸，建立起一个豁达、成熟的形象，通常人们会受心胸开阔之人影响，从而意识到自身的狭隘；最后，对方若是还执着于语言攻击，己方可以采取更为强硬的手段，展示自己留有后手，希望对方适可而止。

己方用平淡的语气回应对方的故意挑衅，是为了体现个人素养和豁达的心境，并不代表隐忍和姑息。有些时候，对方虽是无心说错话，无意中造成了语言攻击的效果，但也要把它作为一种语言攻击去回应，必须要让对方认识到这样做是错误的。

有一次，在何炅主持的综艺节目中，一位年轻明星当着主持人何炅的面，直言在湖南台只认识主持人何炅，不认识汪涵。这位明星虽然是出于讨好何炅的初衷而这样说，但是这种行为无异于是一捧一踩，不管是对他自己还是对何炅而言，都会造成不好的影响。何炅不论肯定还是否认都会引来骂声，对此，何炅机敏地回答道："那你肯定不红，因为红的人都必须要上过汪涵老师的节目。"

何炅这句话既提醒和教育了这位年轻明星，表示出自己对这句话的不赞同，又夸赞了好友兼同行汪涵，抬高汪涵，挽回了刚才尴尬的场面。这种绵里藏针的说话方式，正适合面对这样的情景。

有时，看似是在说一件无关的事情，实际上仔细分析就会发现，二者有着极大的关联，说话者用这样的方式，巧妙地传达出更为坚决的态度。在彼此心照不宣的情况下，化解一些激烈的争执。同时也要注意，不要东拉西扯，这只能让人感觉你说话没有目的性和重点，虚耗了对方的耐性，反而在矛盾的基础上产生了误会，得不偿失！

掌握着正义和道理的一方，该出手时就要出手，正如比武论剑，可以点到为止，也可以让对方先出两招，但兵刃出鞘就要见血光。使用绵里藏针的说话方式，非常重要的一点就是让对方听出你的潜台词，既隐晦地传达出话里的弦外之音，又彰显自身的能力，同时也让对方知难而退。

第六节 06 韬光养晦：用沉默瓦解攻击节奏

培根说过这样一段话："假如一个人具有深刻的洞察力，随时能够判断什么事应当公开做，什么事应当秘密做，什么事应当若明若暗地做，而且深刻地了解这一切的分寸和界限——那么我们认为他是掌握了沉默的智慧的。"

在通常情况下，人们面对语言攻击时会有两种反应，一种是让攻击者的言论自生自灭，另一种是及时给予反击。有时，我们需要迅速做出反击，以防延误"战机"；但有时，也需要缄口不言，来达到暂缓对方攻击节奏的目的。沉默也是一种语言，在特殊的时刻使用能发挥出巨大的能量，因此，要学会使用它的技巧，将沉默发挥出超越语言辩驳的能力。

应对不同的语言攻击，沉默的方式也不同，意图也是多种多样。主要可以分成以下两种：一是沉默忍让，这需要精准地把握事态发展动向，并且对对方有一定的了解，对方如果是一时意气，这种方式会让其在毫无回应中自灭战火；二是暂时沉默，等待出手时机，延缓他人的攻击节奏，等待对方露出破绽或是放松警惕之时，出手彻底解决问题。

善于沉默是两权相衡下的深思熟虑

沉默是金，意在表明沉默的珍贵，学会“忍一时风平浪静”尤为重要。我们应对他人肆意的语言攻击，如果只是单纯地隐忍，沉默的作用就没有发挥出来。如果是一时小争执，那么可以用开阔的心胸包容对方，在对方冷静后，双方和谈平息争端；如果对方陷入偏执，恶意纠缠，用一些“花拳绣腿”的语言攻击自己，那么就不要跟他浪费时间和精力了。白居易有句诗写得好：“此时无声胜有声”，自己沉默不理会，就是一种不屑与其计较的态度，它是对付无理挑事、谩骂之人最有力的反击武器。对方在长时间得不到回应的情况下，便会自觉无趣，偃旗息鼓了。越是处于风口浪尖，越要懂得沉默，在沉默中思考，做好自己的事，才是一个人气魄、实力和内涵的展现。

韩信忍受胯下之辱的故事就能体现出沉默的力量。在韩信的家乡淮阴，有一个年轻的屠夫，他侮辱韩信，说道："你的个子比我高大，又喜欢带剑，但内心却是很懦弱的啊。"并依仗他们人多势众，侮辱韩信说："假如你不怕死，那就刺死我；不然，就从我的胯下爬过去。"韩信注视他一会儿，俯下身子从对方的胯下爬了过去。集市上的人都讥笑韩信，以为他的胆子真的很小。之后，韩信找到刘邦，把萧何给他的推荐信呈上去，最后当上了大将军。如果韩信当初杀死那个屠夫，杀人偿命，韩信也不会当上大将军，更无法帮助刘邦攻打项羽，一统天下。

如果韩信气得一时冲动用佩剑将那人刺死，虽然别人会觉得他不是一个胆小的人，可是在一群人面前，他是否就一定可以全身而退呢？在众目睽睽之下，杀人的韩信今后都需要顶着杀人犯的罪名逃窜生活。两相权衡之下，忍一时无用的意气之争，以待后日，显然更合算。

适当沉默是息事宁人的坦然气魄

适当的沉默，是一种忍让，是以平息事端为主采取的策略。在生活中，人与人的思维和观念必定存在差异，看待问题、理解事物的方式不同，就会因为各种原因产生矛盾，想要赢得所有人的喜爱，基本是不可能的。如果对方与自己起了争执，问题并不严重，纠缠下去只是浪费精力，于己无益，那么不妨停止发言，微笑着听听对方的想法，对方的一团火气就好像是打在了棉花上，最后争端就此终止。相反，双方争执不下，谁也不肯退让，只能任由事情陷入僵持。

国学大师季羡林，有一次和臧克家在小饭馆吃饭。邻桌有一对用餐的母子，刚吃了一会儿，小孩的妈妈去了卫生间，将小孩放在凳子上。小孩伸手去抓桌上的花生米时，脚下一滑，摔倒在地，疼得大哭起来。季羡林看见了，连忙将他扶起来。不料，小孩的妈妈从卫生间出来看到这一幕，误以为是季羡林弄哭了自家的孩子，张口就骂："一个大人，干吗欺负小孩，要是我儿子受伤了，我跟你没完。"

季羡林听完，没有辩解，默默回到原座，继续吃饭。围观群众见此，纷纷指责小孩的妈妈不明是非。得知事情原委后女士羞得脸都红了，匆匆道了个歉就离开了。友人问季羡林："你为何不解释？"季羡林却笑着说："和一个骂你的人还嘴，接下来就是无休止的争辩，这是一个不好的开始，对于我来说，斩断这个不好的开始，就是胜利了。"

扎西拉姆·多多曾经说过一段话："有人尖刻地嘲讽你，你马上尖酸地回敬他；有人毫无理由地看不起你，你马上轻蔑地鄙视他；有人在你面前大肆炫耀，你马上加倍证明你更厉害；有人对你蛮不讲理，你马上对他胡搅蛮缠；有人对你冷漠，你马上对他冷淡疏远。看，你讨厌的那些人，轻易就把你变成了你自己最讨厌的那种样子。这才是‘敌人’对你最大的伤害。”正是因为对方言语行径不端，惹人厌恶，所以才引起我们的愤怒和反击，自己就不要深陷矛盾的旋涡，变成跟对方一样的人。适时地沉默，既是一种“任尔东西南北风，我自岿然不动”的气魄展现，也是一种坚定拒绝争斗的态度表达。

适时沉默是无须辩解的强势反击

当然，沉默不代表一直忍耐、退让。面对他人的语言攻击，沉默只是缓兵之计，在对方紧密的攻击节奏之下，沉默就是一种积极的处理方式，给双方一点冷静的时间，摆脱自己被无限攻击的困境，待对方喘息时，再挑准时机制敌。比如，在工作中，有人因为嫉妒，在背后诋毁你，此时我们能做的就是充耳不闻。工作环境是凭借实力说话的地方，在此引起争端不仅老板不喜，同事也都觉得麻烦。因此，不需要特意回击，如若对方真的言语污蔑过于夸张，可以试图在对方出错误时，给予情理中的严惩，这样不仅名正言顺，还适当地警告、敲打了对方。

沉默不是坐以待毙，不论是哪一种目的的沉默，想要解决问题、改善现状，就必须要在沉默中做点什么。鲁迅先生认为：“不在沉默中爆发，就在沉默中灭亡。”如果在沉默时，你做的只有沉默，没有反抗的精神，那么无异于自取灭亡；如果在沉默时仍旧存有反抗精神，不论以何种隐秘的反抗方式，最后都将得到比逆来顺受更好的生存环境。

某明星说过一段话：“面对那些骂我的人，我哪里有时间停下来和对方吵架，或者是回头解释。我只能一直跑、一直跑，跑远了，那些站在原处骂你的人声音就小了。也许前面还会有新的人骂你，但我还是相信越是前方，有工夫骂人的人越少，因为大家都在奔跑。”这个明星用沉默面对他人的质疑、谩骂，努力提升自己，这也是一种沉默回击，当她的演技越来越高，批评她是花瓶的人自然也就越来越少。

纵观历史，很多古人都知晓需韬光养晦。当前时机不好，只能沉默应对，但内心早有筹划，以待他日。

孔子在十七岁那年，前去参加季氏宴会。季家的家臣阳虎拦住了他，并且傲慢地对他说：“我们邀请的人，都是来自四方的名人达士，你一个普通人，有资格进去吗？”以孔子的家世而言是有资格进去的。但他知道自己家道中落之后，像阳虎这类人是不可得罪的，于是当下便离开了。后来，孔子反而成了一代圣人。

创作出中国第一部纪传体通史《史记》的司马迁，因替他人辩护，而惹怒汉武帝，要将其处死。为了完成自己的理想，他选择了以宫刑替代死亡的做法。

这些成就一番伟业之古人，都知道为了自己的目标，应该将“沉默”这一策略应用娴熟。有时候，人和人之间注定难以互相共通，彼此层次不同、眼界高低有别。层次越高的人，越知道什么才是生活中最重要的事。无谓的争执只能牵扯精力，回头想来全是无意义的事。有时候面对他人的无理攻击，沉默就是最好的回击。

第七节

07 出奇制胜：从多方入手惩治小人

鬼谷子总结过："洞天下奸，莫不谙变更。"小人之所以可怕，就在于其工于心计，擅长利用旁门左道报复，仰人鼻息，若是对方的"依仗"偏向了自己这一边，他就算有天大的心气，也只能忍耐。

一些心思缜密的"高明"小人擅长指桑骂槐，话语乍一听毫无问题，实际上却如树叶落于湖中，在无声无息间掀起片片涟漪，且日日用话语渗透、加强攻击，长此以往，己方就会陷入无法翻身的境地。对待这样的情况，若是义正词严地反抗，反而易引起不知情者的猜疑和白眼，威胁对方反而会激化矛盾。对于这样的人，从侧面敲打，迂回地警告对方让其心生恐惧，才是良策。

杀鸡儆猴，传达警告

与人交往，不论如何人情练达，也总会有疏漏之处；树大招风，能力强大的人也容易受到小人妒忌，徒惹事端。若采用言语攻击之人恰巧是心胸狭隘、喜爱暗喻嘲讽，其定然不会选择大动干戈地辱骂、污蔑挑起争端，反而会用隐秘的方式进行攻击。知彼方能谋策，对待这样的人，我们可以选择采用强硬的警告态度，逼退对方。

曹操为人心思缜密，特别忌惮擅自揣摩自己心思来谋私的朝臣。他觉得合格称职的属下要有才能，但更要忠诚，只有这样才能帮助自己管理朝政。若随便寻找由头杀了对方，又有点暴殄天物。因此，为了敲打这类朝臣，他决定邀请他们来看一出“戏”。

有一天，他在家里宴请“敲打对象”，当时正处于盛夏，盛夏最合适食用的莫过于冰凉的瓜果，能解暑、能消遣。曹操命令自己的妾把瓜果拿过来，瓜果刚端上桌，他就开口问她：“熟了没有？”妾说这个瓜非常熟，正适合现在吃。可是曹操大怒，派人把她拉下去处死。紧接着曹操命令另外一个妾送瓜果，问了同样的问题，这个妾吸取了教训，说瓜不是生的，不过曹操依旧把她拉下去处死了。第三个妾比较聪明，她回答说瓜很甜，比较适合吃，不过依旧难逃一死。这接连杀了三个人，朝臣都吓得不敢出声，更是揣摩不出曹操的情绪。

曹操巡视了一遍众人，然后解释说："前两个人端盘子的姿势不对，第三个的姿势是对，回答得也很好，可是就因为她太了解我的心意所以不能留下。"

曹操利用这个例子，迂回地告诉朝臣，诸位要做好自己本职，不可妄图揣测我的心意，否则，休怪我不留情面，朝臣顿时警醒。虽然曹操的行为实在狠毒，只适用于那个君主杀伐决断的朝代，但是他处事遵循的道理却是很实用的。

鲁迅先生曾经说过："我向来不惮以最坏的恶意来推测中国人的，然而我还不料、也不信会凶残到这地步。"现代社会讲求和谐交往，"多个朋友多条路"的交际方式成为我们日常社交的主旋律。但是，每个环境里都会有那么一两个小人，他们毫无容人之心，并且根本控制不住置人于死地的决绝之心，以最卑鄙的语言攻击别人，不达目的不罢休。对己方而言，时常忍受他人的明嘲暗讽，定然心态会受到影响，长此以往生活、工作都会走下坡路。这种语言攻击尤为可怕，也需要我们正视起来，用较为合适的方式进行回击。

巧用舆论，强势喝退

自古以来，落入小人圈套的无辜人不计其数，他们处于劣势，又欠缺反抗的能力，最后只能含恨忍受不公。俗话说得好："一己之力，难敌众拳。"作为正义的一方，利用舆论帮助自己力克小人是最好的方式。

美国第三届总统选举中，杰斐逊与伯尔势均力敌，恰好票数相同。此时，开国元勋汉密尔顿改变了自己的投票，将原本投给伯尔的票，转投给了杰斐逊，这至关重要的一票让杰斐逊成为美国第三任总统。后来媒体问到转投杰斐逊的原因时，汉密尔顿解释说："杰斐逊虽然有很多问题，但至少是一个正直的人，而伯尔虽然有能力，但缺少信仰，摇摆不定，要是把国家交给这样的人，后患无穷。"

此话一出，伯尔内心十分愤恨，认为对方故意抹黑自己，暗自发誓定要不择手段出人头地。四年后，伯尔再次竞选纽约州州长，结果再一次败北，这让他愤怒到了极点，彻底暴露了自己，并经常在媒体上发表一些过激的言论。汉密尔顿再一次站了出来，在报纸上详细列举了伯尔在这几年的恶劣政绩。有人不理解，认为他在落井下石，但汉密尔顿说："对付这样的小人，就要把他所做过的事都公之于众，免得群众被他所蒙骗。"

汉密尔顿在识破了伯尔的小人本性后，没有默不作声、作壁上观，反而巧妙利用舆论的力量，拆穿了对方所有的“表演”，不给对方颠倒黑白的机会，让群众擦亮眼睛，看清其为人。

小人，擅长密谋，却怕见光，其劣根性就决定其黑暗本质。被这样的人抹黑、记恨、暗地里用语言攻击，甚至使用阴损的手段压制，君子有再强的能力也无处施展。小人就像影子，在黑暗中隐匿，在阳光中现形，看透了其本质，就可寻源找水，找出惩治对方的办法了。

舆论的压力往往会让人承受不了，但运用得好，就能成为克敌的锋利武器。舆论相当于一个透明的平台，任何隐秘的罪恶都无法藏匿，它是把双刃剑，众人众口，只有正义的一方才能获得胜利。

巧借权势，激化矛盾

在羽翼未丰的阶段，受到小人的语言攻击，处处被“套路”，将会大大延缓自己的发展和成长，甚至稍有不慎就落入万劫不复之境。在形势对己方不利的情况下，可以借用他人的力量，压制小人的力量，对方感到威压，被牵扯了精力，自然无暇来骚扰你了，如此就可得以喘息。而后慢慢积蓄自己的力量，同其势均力敌后，就更为安全了。

在汉朝，大臣袁昂无意中得罪了皇上身边的太监赵同。赵同其人，虽然没什么本事，但很受皇上喜欢，是个真小人。他平时经常在皇上面前说风凉话，让很多大臣无故受到了处罚。袁昂得罪了他，心里很忐忑。正在困扰之时，他的侄子给他出了个主意。

第二天，皇上出行，袁昂和赵同一起随同。因为皇上很喜欢赵同，就不顾礼仪，让赵同一起上了车。此时，袁昂突然冲上去，指着赵同大骂："你这个太监太不懂规矩了！怎么能上皇上的车！你这个狗奴才没大没小，还不赶快下来！"

赵同被骂得无地自容，但在皇上面前又不敢跟袁昂顶撞，脸涨得通红。袁昂见他还不下来，上去一把就将他扯了下来，又大骂了他一顿，做出忠君之状，句句都是为皇上考量。皇上这时如果突然对自己的宠臣大发脾气，多少有点驳了自己的面子，同时他也知道袁昂说得没错，也是忠于自己的，袁昂的行为也是可以理解的。按照皇家礼仪，太监确实是不能上车的，于是皇上就没再计较。

从那以后，只要赵同在皇上面前提起袁昂的不好，皇上都会很自然地想起那天的事，认为赵同是在报私仇，因此从未当真，反而说袁昂是忠君之人。

袁昂此举看似鲁莽，故意得罪皇帝身边的宠臣，实际暗藏玄机。他心知赵同权力再大也大不过皇帝，之所以畏惧赵同报复，完全是因为君心难测，对方说什么，皇帝若是信了，自己就陷入危险当中；反之，稳住皇帝的心思，让其对自己形成忠君的印象，在明知他们双方有矛盾时，无论赵同说什么，都认为是矛盾、私怨导致的，自然不会轻信，问题就迎刃而解了。

人心叵测，世事难料。与人交往，要留有几分防备，毕竟人心隔肚皮，可以真诚，但不可实诚。面对小人一张在背后吞吐山河的巧嘴，必须灵活应变，如果已经被小人缠上，就必须给予回击，巧妙应变，将其彻底压制。

第7章

巧言妙语：如何说服别人

在生活中，我们有很多需要说服的对象，他们可能是你的老板、亲人、朋友或同事，如果一味地强制他人接受你的观点，只会让关系“崩溃”。这个时候你就需要掌握一些说服他人的小技巧，巧妙地去说服他人。

第一节 01 学会倾听：表现出对对方的尊重

老子的《道德经》有言："信言不美，美言不信。善者不辩，辩者不善。知者不博，博者不知。圣人不积，既以为人，己愈有，既以与人，己愈多。天之道，利而不害；圣人之道，为而不争。"在人际交往中，圣人无心争一二，反而多是倾听，听其言即可观其行，在他人的言谈中有所收获。往往无言，就是一种尊重，就是一种学习。

德谟克利特曾说："只愿说而不愿听，是贪婪的一种形式。"尊重的前提是平等，认真倾听别人的倾诉虽是细枝末节，但彰显了谦逊的教养。学会倾听是人生的必修课，学会倾听才能去伪存真；学会倾听才能有所收获；学会倾听才能拉近彼此的距离。有时全神贯注地倾听就是一种尊重。

专注倾听，给予他人尊重和欣赏

著名心理学家戴尔·卡耐基去纽约参加一场重要的晚宴，在晚宴上，他碰到了一位世界知名的植物学家。卡耐基从始至终都没有与植物学家说上几句话，只是全神贯注地听。

令人意外的是，晚宴结束以后，这位植物学家却向晚宴的主人极力称赞卡耐基，说他是这场晚宴中“能鼓舞人”的一位绅士，更是一个“有趣的谈话高手”。

其实卡耐基在宴会上没有过多发言，只是细心聆听，却博得了这位植物学家的好感。不是话说得越多，在社交圈子里就越成功。卡耐基曾经说过：“专心地听别人讲话，就是我们所能给予别人的最大赞美。”他的静心聆听，让植物学家感受到被尊重、被重视，从而受到了鼓舞。尊重是相互的，卡耐基以尊重赢得了植物学家的由衷称赞，卡耐基用无言展现了自己的谦逊。

这就是倾听的魅力，人们可以在倾听中发现、欣赏和感受谈话者的快乐；可以在倾听中感悟、理解谈话者的思想。倾听既是一种礼貌，也是一种学习。一个能够静坐聆听别人意见的人必定是一个富有思想、谦虚、柔和的人，这种人也许在人群中不显山不露水，也不会在言谈上与人交恶，往往更容易赢得别人的尊重。

在谈话中，“倾听”就是对他人的尊重。在这个世界，从来不缺乏默契，但很难找到知音。伯牙、子期以琴会友，没有过多的话语，也一样成为知音，他们不仅是在琴技上惺惺相惜，更是在聆听中读懂了对方。在生活中，我们不可能与遇到的每个人都相谈甚欢、思想默契，“倾听”有时候感觉难以忍受，但其效果是有利的。这就是卢梭所说的：“忍耐是痛苦的，但它的结果是甜蜜的。”如果听者完全没有注意谈话者说的内容，而是假装在听其实却在考虑其他毫无关联的事情，或内心想着如何辩驳，这很容易导致关系的破裂，从而引发冲突。生活的最高境界就是宽容，相处的最高境界就是尊重。为自己着想，只会生出心机；为别人着想，才能生出智慧。

真诚倾听，赢得他人的认可

有一位汽车推销员，经朋友介绍去拜访一位曾经买过他们公司汽车的客户。一见面，他就递上名片，然后说：“我是XX汽车推销员，我姓……”他还没有报出自己的姓名，就被客户以严厉的口吻打断，并开始抱怨当初他买车时的种种不悦，其中包括报价不实，内装及配备不对，交车等待过久，服务态度不佳等。面对这些不满，推销员没有反驳、没有流露出不满情绪，只是倾听，等待客户说完。终于，等到客户把所有的怨气一股脑儿地倾吐完，喝口水休息时，才发觉这个推销员并没有向自己推销过汽车，便有一点不好意思地问他说："年轻人，你贵姓呀，现在有没有好一点的汽车，拿份目录来看看吧！"过了一会儿，这位推销员获得了两辆汽车订单离开了。

为何这位客户已经明确地表明了自己对该商家的不满，最后还是在推销员手中购买了两辆汽车呢？原因在于推销员以倾听应对客户的抱怨，展现了对其的恭敬和尊重。在倾听过程中，推销员没有从表情上透露出不耐烦，最终客户认识到了自己的无礼，对他产生了欣赏和愧疚的情绪。推销员用倾听赢得了客户的认可。

耐心倾听，加强理解和沟通

谈话犹如弹奏一首交响曲，有时需要琴瑟和鸣，有时需要你停我奏。突然打断别人的讲话，就像一支非常流畅的乐曲戛然而止，失去了连贯的节奏，破坏了演奏者的好心情。一味夸夸其谈，不仅风度尽失，更显粗鄙；不给他人留谈吐的余地，也反映了个人的自大，对他人的不尊重。说话之前，要注重倾听，在倾听中观察、审视、酝酿和蓄力，如同拉弓射箭一样，拉弓蓄力，射出去的箭才铮铮有声。

倾听并非一言不发地待在一旁，双方你一言，我一语才是谈话。倾听时应像海绵一样，不断汲取别人的经验与教训。听时不发言，思想飞速转。把握好谈话的节奏，掌握好发言的时机，是倾听的要诀。适当的答语，能让对方感觉到你是在认真倾听。尊重是一种态度，是一种行为表达，内心的尊重应该让他人能够感知到。有时候，我们只是缺少一点倾听的耐心。

有一对父子，一见面就争吵不休，儿子嫌父亲啰唆，父亲嫌儿子不听话，总之二人是话不投机，见面说不上几句话就不欢而散。这位父亲是公司的决策者，平时很忙，也很强势，从来没有一次认真听过儿子说话。一次儿子说："爸爸，你从来没有认真听我说过一句话，我现在只要你把我说的话重复一遍就行。"父亲答应了。当父亲重复完儿子的话，才发现儿子原来这么懂事，父子间关系开始变得融洽，最后成了好朋友。

父亲终于学会倾听，学会以平等的身份来对待儿子、尊重儿子、倾听儿子的话语，也终于读懂了儿子渴望得到父亲尊重的内心，这让父子之间的感情得到了增进。越是亲近的人，越需要"倾听"。当你在倾诉时，却发现无人在倾听，这种痛苦，会给人巨大的打击。倾听，是调节双方关系的润滑剂，每个人的烦恼和喜悦背后都有一份渴望，那就是对人倾诉，他希望倾听者能给予理解与尊重。

很多时候，我们内心十分尊敬对方，却不知在交往中如何表达出来，结果战战兢兢，啰唆了一堆，还没有达到传达好感的效果。其实没有那么复杂，伏尔泰曾说："耳朵是通向心灵的路。"

大多数时候最需要的也许只是有耐心、保持专注去沉默倾听而已。

能言而不善辩，是一种对他人思想的尊重；目视窘态不议论，是一种对他人个人空间的尊重。这个世间本就强弱有别，无论腰缠万贯，抑或是家徒四壁；无论身处高层，抑或是底层百姓，尊重永远是相对的，每个人对尊重的理解都不同，或许表现在他人谈话时，你微微前倾的姿态，或许表现在对他人谈话内容的一个小疑问。尊重是一种平等，不谄媚、不轻蔑，不卑也不亢，是尊重不同的价值观。思想没有孰对孰错之分，不轻易评论，不打断他人的表达，尽量多理解，就是尊重。

《道德经》有言："将欲取之，必固与之。"给予他人尊重，才能赢得他人尊重。敬人者，人恒敬之。不需要言辞谄媚，不需要故作姿态，只是简单地聆听，就能让对方感受到你的尊重。在漫漫人生路上，我们会遇到脾气和秉性不同，能力高低不同的人，人有千种巧思，实在难以迎合。但在如何表达尊重上，唯有倾听，是永远不会出错的。

第二节

02 义正词严：从正义的角度出发

汉代韩婴在《韩诗外传·卷七》中写道："正直者，顺道而行，顺理而言，公平无私。"正直的人沿着正道行事，按照道理讲话，公正无私，不因为安逸富贵而放纵意志，也不因为危难而改变品格和言行。在社会生活中，人们的交往需要通过语言使别人觉得自己具备正直的人格；所说的话也要从正义的角度出发，不卑不亢，以充分的理由为依托；同时言辞表达严肃，让别人更加信服。这些都是人们良好品德的体现。

俄国作家屠格涅夫说过："受苦并不是恶，因为忍耐可以战胜一切，世界上只有一个善，那就是正义。"正义是社会制度的首要价值，就像真理是思想的首要价值一样。一个人在面对任何事情时都要从正义的角度出发，培养自身良好的人生观和价值观，能够正确地看待问题的发展。

瑞恩·希里杰克于1992年7月在加拿大一个普通家庭里出生，2001年3月正式成立了“瑞恩的井”基金会。这是一个国际资助基金会，基金会以此命名是因为其背后有着一个感人肺腑的故事。瑞恩·希里杰克6岁的时候，刚一放学，就迫不及待地冲进家，可怜巴巴地向妈妈伸出手，说：“妈妈，给我70块钱。我要给非洲的孩子修一口井，好让他们有水喝。”当时这个孩子只是将自己内心真实的想法表达出来，想要给贫困地区的人们提供一定的帮助。

瑞恩的态度是真诚的、正直的，虽然小心翼翼但是也极其坚定，妈妈被他说服了。此后这个孩子把说的话当成目标去实现，把它当成理想，也一直在努力找更多的人参与到能够给人们提供帮助的项目中。到2002年底“瑞恩的井”基金会已经为非洲的8个国家打了30口水井。

这个普通的男孩，被人称为“加拿大的灵魂”。2002年9月30日，他接受了加拿大总督克拉克森颁发的国家荣誉勋章，10月，他被评选为“北美洲十大少年英雄”。2003年3月，瑞恩在去日本参加“第三届世界水资源论坛”途中，在北京短暂停留。中央电视台《实话实说》栏目迎来了这位远道而来的客人。在节目即将结束时，瑞恩留下了一句话：“我要为取得干净的水源而努力工作，直到我爸爸那个年纪。”同时主持人也向大家宣布：“‘瑞恩的井’基金会的筹款已经达到75万加元。”

瑞恩在说服妈妈的时候只是将自己内心真实的想法表述出来，可以看出瑞恩小时候是一个极具爱心的孩子，他拥有正直完善的品格，因此，当他看到生活困苦的小朋友没有水喝时，想要尽自己的能力给予他们帮助，同时在自己的内心留下了一个深深的烙印，他也一直在不停地努力，并将此设为目标不断地去完成。这对于瑞恩来说是从小的梦想，当他日后有能力的时候完成了目标，也实现了当时对妈妈说的话。瑞恩的妈妈当时也是被孩子的爱心与不加掩饰的语言所说服，推进了瑞恩去完成这个伟大的事件。

如果瑞恩的妈妈在当时听到瑞恩说的话不以为意，从孩子的角度上来看，自尊心和自信心就会受到一定的影响。在日后，瑞恩也可能不会将自己内心的真实感受与想法表达出来，孩子从小的爱心和正直品格的养成也会受到阻碍，甚至会导致孩子在日后的生活中不再发挥自己的爱心，同时对于一些事情的看法也会出现偏激。正因为瑞恩正直严肃的表述、妈妈的爱心支持，才使得一个极具爱心的事件有效完成，给很多人带来了福利，让他们能够更好地生活，感受到生活的美好与社会中的爱与关怀，这对于构建和谐社会有着很大的帮助。

马云当年用6分钟就说服了孙正义投资2000万美元，正是这短短的6分钟，才有了今天的阿里巴巴。这6分钟里，马云将自己的思想陈述给孙正义，在劝说他投资时，态度是真诚的，用真诚打动别人，用自己对工作的热情来感染别人，眼睛里散发着真诚的目光，语言里透露真诚的肯定。在谈话中，不泛泛而谈，而是持有鲜明的立场，并且直率地表明自己的态度，言语直截了当，不拖泥带水，彰显自己的个性与自信，夺人眼球。

孙正义曾说，在马云说服自己的6分钟里，他看到了马云眼睛里的热情，看到了力量，当时的马云虽然一无所有，但是他的双眼冒光，闪烁着梦想和激情。他用“疯子”来形容马云和自己，这既是对马云的信任，也是马云在说服自己的过程中的状态让其感受到了互联网日后的飞速发展中的商机。因此，他决定给马云投资，正是这笔投资帮助了阿里巴巴，跟上了社会发展的脚步，更加方便了人们的日常生活。

有一对情侣去海边旅游，女生被一个小男孩无意间踢过来的足球砸中了。但是小男孩却没有道歉，态度也不好，女生的男朋友想要和小男孩讲道理，还没有说话小男孩就哭了，这也吸引了在场很多人的目光。小男孩的妈妈闻声赶过来，看到自己孩子在哭泣，就认定是这对情侣在海边欺负自己的孩子，不听情侣的辩解，询问小男孩，他也不说实话，只是说大哥哥、大姐姐欺负他。

然而旁边的一个五岁小女孩却说了实际情况，说小男孩踢足球把姐姐砸中了，没有道歉；姐姐的男朋友也没有欺负小男孩，只是想要小男孩道歉；然而小男孩没有道歉却还哭了，小男孩的妈妈来了后也一直在指责小情侣。小女孩将真实的情况描述给大家，使人们的态度发生了转变，可以看出来，小女孩是一个正直热心的人，不卑不亢，将自己所见的事实描述出来，也正是这些义正词严的语言说服了围观的群众，改变了围观群众的态度和看法，让小情侣不被社会道德所谴责。

一个人能否成功除了运气和努力，还有很大原因归功于沟通。因此，沟通是我们每个人都该学习的技能，好好说话是我们每个人都该掌握的说话艺术。真正会说话的人，一开口就赢了。在日常生活中进行沟通与交流是必不可少的，当人们想要说服别人时，首先要摆正自己的态度，从正义的角度出发，拥有良好的人生观和价值观；在讲述自己的理由时也要义正词严，不敷衍、不推脱，不仅仅是讲述自己内心真实的想法，同时还要有良好的思维能力，将事实情况表达清楚和完整。

第三节 03 投其所好：让你的说服水到渠成

《鬼谷子·谋篇》中有这样一句话："人之有好也，学而顺之；人之有恶也，避而讳之。"其含义是要善于观察别人的喜好以及动机，学会投其所好；同时也要避免去做让对方讨厌的事情，更不要说令人生厌的话语。从劝谏的角度理解，就是投其所好、避其所恶。其实也就是巧妙地迎合对方，从而达到自己的目的。

换位思考，学会变通

投其所好，能得到皆大欢喜的结果，如此又何乐不为呢？如今，很多人对"投其所好"有严重的误解，并非献媚奉礼、一味夸赞才叫“投好”。投其所好的方法良多，不卑不亢的态度不可丢，正确的“投好”角度不能偏。以自身的优良品质让对方赏识，话语自然力度大；用美言包裹良谏，听者也会身心愉悦。

曾经，有一个人看到画报上蝴蝶翩翩起舞，很想亲眼看看。为了实现这一目标，他买来一双跑鞋、一只网子，穿上运动服，在田野中追逐奔跑了很久很久，终于在气喘吁吁、满头大汗后抓到一只蝴蝶。可是蝴蝶在网里恐惧挣扎，丝毫没有美丽可言。

还有一个人也很喜欢蝴蝶，想欣赏蝴蝶的美丽姿态。几经思考，他买来几盆鲜花放在窗台上，然后静静地坐在沙发上品着香茗，望着蝴蝶翩翩而来，心情也不自觉地愉悦起来。

这两个人都想欣赏蝴蝶，一人采取捕捉的方式，一人采取买花吸引的方式，最后的结果显而易见，一人失败，一人成功。两者渴望达成目的，可行为和思想却完全不同，前者站在自身角度，手段强硬；后者站在对方角度，投其所好，最终得偿所愿。

说话做事也是如此，再巧舌如簧，对方不接受这种方式，也是枉然。逢山开路，遇水架桥。针对不同的人、不同的事，要根据对方的特点而采取不同的方式，这就是要学会变通。

洞察心理，顺势引导

《战国策》记载了战国时期谋臣策士纵横捭阖的外交斗争。

其中，最精彩的莫过于这些纵横家们能说会道、长于论辩说理的故事了。细细研读可以发现，不论他们如何巧言善辩，游刃有余地在列国中谋算，都离不开“投其所好”这一秘密武器。它能让很难办的事情，在须臾之间就轻松完成。

在战国时期，魏文侯把太子魏击封到中山，一转眼三年已过，双方连使者往来都没有。一位赵国舍人赵仓唐觐见太子，说愿意作为使者去替太子问候父亲。他询问文侯的喜好，太子说：“君侯喜欢吃晨凫，喜爱北犬。”于是，赵仓唐带着北犬和晨凫谒见文侯。向其言明，将晨凫献到文侯的膳厨、献给文侯的侍臣。这让文侯极为喜悦，连声道：“击爱我，知道我的嗜欲，知道我的喜好。”

文侯问赵仓唐：“太子和左右侍奉之人相比，身高如何？”后者答:“他们按照礼节，不可和诸侯相提并论。”于是，文侯问:“太子的身材与寡人相比，如何？”赵说：“君侯赏赐给他的外府皮裘，还正好呢，所赏赐的尺带也不必再修改。”赵仓唐向文侯阐明太子十分思念父亲。文侯一听，甚是喜悦，于是赏赐太子一套衣服让赵仓唐带回，并命令太子在鸡鸣之前来觐见。太子晋见了父亲，文侯很高兴，大摆宴席招待他，同时将小儿子挚封到中山，恢复了击的太子地位。

赵仓唐非常善于利用鬼谷子说的阴道而阳谋的道理，先是投其所好，带上礼物到朝廷献给文侯，接下来又顺着文侯的话题说下去，虽然父子二人许久未见，但赵一口咬定文侯赏赐之物皆合太子身，太子是文侯的血脉，其他人无法跟他相提并论，太子也是时常思念父亲。这让文侯很高兴，唤起了他的父爱之情，然后又及时地促成了父子见面，达成说服文侯面见太子并为太子谋取利益的目的。

说服人去做一件事，首先要精准掌握对方的喜好，投其所好留下一个好印象；然后，拉近彼此的距离，让对方感到亲切。在这个故事中，赵仓唐用“赏赐完全契合太子身材”这一说辞拉近了文侯和太子之间的距离；最后顺势引导，强调太子思念父亲，让对方在愉悦的情绪下满足己方需求。

字字斟酌，欲抑先扬

投其所好在具体的话语情境中，可以简单地理解成与对方处于同一立场，也可理解为顺应对方心理。世事无常，世间万物都是变化的，人不可能事事尽在掌握，这是必然现象。有人能在遇事时不动声色，有人却喜怒皆形于色、控制不住情绪，时常显示出各种不同的表情。每一种表情都代表着一种内心的想法，置身其中，虽然要完全掌握对方的情绪和心理甚是困难，但也不会半点头绪也没有。想要说服对方，就要观察其言行、揣摩其喜好，彰显两者之间的相似性、共通点，获得对方的好感，并以此为突破口。

历史上著名的“触龙说赵太后”的故事，便是如此。万事开头难，赵太后身为触龙的“领导”，正在气头上，齐国要求赵国送长安君——太后的幼子来作为人质方可派兵协助抗秦，赵太后不愿，众大臣纷纷劝太后顾全大局，惹得太后一怒之下直接愤言：“有复言令长安君为质者，老妇必唾其面！”此时，众大臣纷纷犯难，如何说服太后成了棘手问题。老臣触龙解决了这个问题。太后得知触龙来觐见，心如明镜，他无非就是为了说服自己，已经产生抵触，她准备只要触龙开口就训斥他。结果，触龙迈着老者蹒跚之步，开口第一句就是问候太后身体，言语间情感流露自然，生怕太后因此气坏了身体。让太后如沐春风，大为感动。顿时，太后之色稍解。之后，又以想为自己的孩子舒祺谋出路为由，牵引出孩子的话头，一点点绕到长安君身上，如此婉言劝谏，最后获得成功。

说服一个正被情绪左右的人，第一步就是要稳定其情绪、拉近双方的距离，言谈间考虑对方个人的性格、为人脾性、处事方式。触龙让太后放下警戒的原因，就是第一句交谈时的关心。太后不舍儿子，狠不下心的母性情怀被触龙洞察，顺着此情，打温情牌让太后放松警惕，平息太后的怒气，继而谈起自己的儿子拉近和太后的距离。

口者，心之门户，智谋皆从之出。面对不同的人，投其所好，也需要使用不同的技巧。说服喜好直言之人，需把握话语尺度，直言以谏；刚愎自用之人，需要顺其心意，站在对方角度巧谏；鲁莽冲动之人，需安抚其情绪，在其冷静之后，细致提谏；城府较深、擅长谋略之人，需谨慎言语，字字斟酌，以理提谏。谨记，人之千面，话之千变。可与言而不与之言，失人；不可与言而与之言，失言。

通常在劝谏他人时，切勿直接指责其过失，以欲抑先扬之道劝谏，往往事半功倍。这就是人情练达皆学问，巧言善思方成仁。尤其在双方意见相左时，如果劝谏一方投其所好，从对方可接受的角度迎合其情绪，就会让人的心理防线降低，从而产生安全感和亲近感，听到和自己意见不同的话，也不会有太大反感。

凡劝人不可遽指其过，必须先美其长，盖人喜则言易入，怒则言难入也。投其所好的说服方法，其意在缓和交谈气氛、调动对方的情绪，让己方的建议更利于被接受，最终达到说服他人的目的，乃是说服人的上上策。

第四节

04 借力打力：把“皮球”踢回给对方

荀子在《劝学》中有言：“君子生非异也，善假于物也。”君子的资质秉性跟一般人没什么不同，只是其善于借助外物罢了。遇到棘手的情况，不妨借用对方的力量。好风凭借力，送我上青天，略尽巧思去“借力”和“使力”说服他人，往往会得到让人惊喜的效果。

巧思转换，回避冲突

如果对方在态度上非常强势，话语既压迫又尖锐，一时之间难以找到好的应对策略时，可以以故意为难挑衅的话语回敬。如此一来，对方无法回答又无法问责，这样不仅避开了面对自己的利刃，而且还将其转向对方，从而说服对手放弃继续为难。这种“以眼还眼，以牙还牙”的巧妙方式，经常出现在针锋相对的两者之间。

在乡间小路上，一名游手好闲之徒站在十字路口拦住一位过路的姑娘：“你说，我是要往南走，还是要往北走？猜中了我就放你离开。”面对此情此景，姑娘说南也不对，说北也不对，无论说哪个方向，对方都可否定，而后为难姑娘。

短暂的思索后，姑娘掏出手绢揉成一团说：“能让我先问你一个问题吗？”无赖感觉胜券在握，有恃无恐，便欣然同意了。

姑娘说：“你猜猜看，我这手绢是要丢向南边，还是丢向北边？”对方一愣，也是无言以对，只好让姑娘离开了。**姑娘选择以极其巧妙的方式，将对方给自己的刁难还给了对方，并没有因为被刁难而与无赖发生冲突。**

本就不势均力敌的两人，在针尖对麦芒的对话当中，弱势方任何一个小差错都会导致严重的后果。女孩使用借力打力的回击方式，如法炮制，抛还提问。不但扭转了守势，更逼得对方无话可说，给对手有力的一击，只要说服了对方放弃强势的威逼，就达到了自己的目的。

这是对话里常见的技巧，虽使用有难度，可效果却极佳。当对方的话语比较难接、语言切入的角度刁钻，你回答肯定、否定都可能出差错时，那就不要回答，把问题再还给对方，反将对方一军。依照同一逻辑借力打力，会使恶意进攻者掉进自己设置的陷阱里，结局只能是自己狼狈不堪。

平心静气，借力反击

在生活中，有些人故意让你出丑，好嘲笑、讥讽你；也有些人是无意的但却让你感到颜面尽失。对待这些人，无论他是有意的还是无意的，你大可不必与他斤斤计较，平心静气，运用借力打力的说话方式，给对方以震慑，如此就可从被动转向为主动，在谈话中获得主动权。如果情况发生在公开场合，这种说服方法不仅让对方哑口无言，同时还可以提升自身威望，赢得众人的好感。

萧伯纳的剧本《武器与人》首次公演，观众纷纷要求萧伯纳上台接受他们的祝贺。

当萧伯纳刚刚走到台前，突然一个人向他大声喊道："滚回去，谁要看你的剧作，糟透了，收回去吧！"

观众都安静了下来，屏息看着萧伯纳。只见萧伯纳不仅没有生气，反而满面春风地向那人鞠了一躬，彬彬有礼地说："我的朋友，我完全同意你的意见，但遗憾的是……"他指了指剧场的其他观众，又说道："我们两个人反对这么多观众有什么用处呢？我们能禁止这剧演出吗？"

观众席爆发出热烈的掌声和笑声，那个故意寻衅的人只能灰溜溜地走掉了。

萧伯纳在遭到对方的侮辱后并未生气，反而很淡定，向挑衅者展现了观众的喜爱和热情，借用观众之力，击溃了无礼挑衅之人，壮自己的声势，将借力打力这一技巧发挥得淋漓尽致。

顺人之势，创造优势

尽管运用借力打力的说话方式在说服嚣张挑衅之人时，会获得很好的效果，但在生活中将其运用自如还是比较困难的。因为通常人们听到他人侮辱性的语言之后，就会怒极反驳或是抓住对方的缺点侮辱。人在被情绪操控的过程中，其实是很难抓住对方的语言“漏洞”来进行有效的反击的。

那么，如何才能做到在谈话中为自己营造有效的反击条件呢？智者当借力而行，慧者运力而动。聪明之人，会借助外力来寻求发展；智慧之人，能够合理运用身边的条件创造优势。

有一次，孔文举以自己的祖先孔仲尼曾经拜李元礼的祖先伯阳为师的事，得出“我和您老就是老世交了”的妙答，得到了众人的夸赞。

太中大夫陈韪听了心里非常忌妒他，想当众羞辱孔文举一番，他说：“小时候聪明伶俐，长大了未必出众。”

孔文举听后应声说道："想必您小时候很聪明吧。"

他的这一回答，弄得陈韪非常难为情。

孔文举回答的高妙之处在于很好地利用了"借力打力"的道理。陈韪本是先声夺人，出言不逊，暗讽孔文举小时候才华横溢长大后未必出众。而孔文举很好地利用了这一点，以夸赞的口吻说陈韪小时候定是聪慧之人，将这一讽刺归还给对方，以其人之道还治其人之身，反将一军。

除了借助对手的力量，我们还可以借助盟友的力量。越是强大的盟友，越是能够发挥作用。一个有权威和声望的人，一言可以值千金，我们借用名人的话语作为依据来说服他人，往往能起到盖棺定论的决定性作用。没有人是单枪匹马还战无不胜的，我们巧妙地将他人力量化为己用，往往会事半功倍。

历史上借助他人之力，说服别人的同时为自己造势的例子比比皆是。曹操挟天子以令诸侯，打着"清君侧"的旗号，扫清一些阻碍自己的势力。见面就是一句"吾今奉诏讨汝！"要不就是"孤近承帝命，奉诏伐罪。"在诸侯混战的乱世当中占尽道义上的便宜，最后，得以成为一方霸主。秦末农民起义，项梁不惜找到楚怀王的一个孙子，拥立为楚怀王，便是想借楚怀王孙子的名义，说服更多的人加入自己的阵营当中，从而实现称王的夙愿。他以皇族之后的名义重聚势力，目的是使起义名正言顺，他借助其影响力和为了正义的由头，达到了事半功倍的效果。

从古至今，人们渴望成功、渴望他人认可自己的心理从未改变过，这也是人存于世理所应当的追求。个人的智慧和才能都是有限的，借助他人的能力和智慧，取长补短，为我所用，才能达到双赢。自己的力量不够，合理而巧妙地借用他人之力也无可厚非。在人际交往或某些场合中，使用好借力打力的技巧，不止能提升自身形象，扩大自己的影响力，赢得他人尊重，获得他人赏识，还能重创对手，一击制敌。

他山之石，可以攻玉。切勿小看他人的力量，用得好就会让自身受益。在日常对话中，顺着对方的话继续，是乃顺势而为，只要抓住好的时机，很容易将对方绕到自己的逻辑中，掌握话语优势；巧用对方语句间的漏洞，是乃造势之为，只要运用得当，就能稳操胜券。借力打力能让被动变主动，有四两拨千斤之效，同时让制造尴尬的人立即停止发话，一箭双雕。借力打力，既是矛也是盾，在“口舌之战”中可谓是必须掌握的技能。

第五节 05 有的放矢：戳中需求关键点

唐代杜甫有诗句："随风潜入夜，润物细无声。"说服他人也是这样。有时候不必长篇大论滔滔不绝，避免毫无作用的废话、言之无物的空话和装腔作势的假话，说来无趣，只会平白惹来反感。而一句直击人心的话语，就胜过理足而意不达的千言万语。

叶适《水心别集》中有言："若射之有的也，或百步之外，或五十步之外，的必先立，然后挟弓注矢以从之。"就像射击有了目的，有的在百步之外，有的在五十步之外，目标必须先确立，然后才可以弯弓搭箭对准目标射击。语言的交流也是如此，发言要有针对性，谈话要有主题和重点。不论是清晰表达自我还是精准地戳中对方，只有条理有序，抓住关键才可。正所谓“掐蛇七寸，言语诛心”，说到别人心里去，基本就已经成功一半了。

明确需求，紧扣对策

不同的思考方式决定了不同的语言习惯。大多人擅长表达自我，却不擅长揣摩对方话语内涵；擅长事无巨细地叙说，却不擅长归纳总结，因此常常对话半天还没有说到关键点上。说话本就不是照本宣科，穿插一些题外话在所难免，有时也会临时起意，开启新话题，但如此就极易言语混乱，偏离主题。交流结束，对方一头雾水，也就平白浪费了交流的机会。若能了解其想法，掌握对方需求和谈话重点，清晰表达自我想法，随后让谈话紧密围绕关键点展开，就可紧扣主题。

一个人把车开到了加油站，停在了全套服务区，三名工作人员快速地迎接他。

第一位为他洗窗，第二位为他检查机油，第三位帮他量轮胎气压。他们很快完成这些工作。在支付了油钱后，这个人就把车开走了。

但是过了三分钟后，那个人把车开了回来，三名工作人员再次热情地迎接了他，他却问这三个人：“很不好意思，我想知道有没有人给我的车加油了呢？”

工作人员的目的是带给客人满意的服务，但是却没有了解清楚对方的需求，而是做了一堆无关紧要的事情，导致了虚耗精力，做了无用功。若一开始，工作人员就先礼貌询问顾客的需求，然后再采取对策，可能很快就完成了工作。

在谈话中，目的不明，无的放矢，不顾场合，就难免东拉西扯，让人觉得话语没有说服力，甚至感觉不知所云。能言善道之人，沟通中不仅要注意自己的言辞，更要重视理解对方表达的内容，继而对整个谈话过程作出周密的安排。说得多未必说得清楚，若谈吐毫无章法，喋喋不休，受众只会感到烦躁或戒备；若循序渐进，按照对方需求有的放矢、有条不紊地进行，对方自然会感到受用。在沟通结束后，扼要地再次突出主题，用以加深听话者对自己观点的印象。

智者，静坐常思己过，动则有的放矢。一个巧思能言者，意在言中，言合其意。可灵活使用多种方式表达同一件事，时刻牢记主题，不管怎样加插，不管转了多少个话题，都不偏离说话的中心。

简单高效，直奔目的

一位经常需要乘坐城际铁路通勤的青年说：“城际线和坐公交一样不指定座位号，但每次我都能在火车上找到座位，不论车上有多么拥挤，不论长途或者短途。”

他的办法其实很简单，就是有目标地一节、一节车厢找过去。这个办法听上去似乎并不高明但却行之有效。每次，他都做好了从第一节车厢走到最后一节车厢的准备，可是基本走到半路就能找到座位。

他落座的车厢尚余若干座位，而在其他车厢的过道和车厢接头处，居然人满为患。对此，他只说了一句话：“我与他们关注的不一样，我的目标就是找座位。”

大家都是乘上车就万事大吉，对于座位不过分追求，嫌找座位麻烦，还要走很久，因此并不会将找座当成一个重要的目标。而没有目标就很容易被环境影响，在嘈杂的车厢中迷茫，最后只能靠一边站立等座位。而他不同，他清晰地知道自己上车的第一件事就是找座位，争分夺秒，目标清晰，不受其他影响，所以他总能找到座位。

做事说话皆如此，要有目的性，有的放矢，往往能先声夺人；主题清晰，所有后续行动自然而然就紧契核心。

洞悉关键，明确立场

将说服他人作为谈话目的，首先就要进入对方的内心世界。了解其立场和想法，找到对方需求的关键；再针对其心理对症下药，方能让对方信服。洞悉对方关键点的话语就像箭矢，一发入魂，直击对方内心。

被誉为“世界饭店大王”的希尔顿，在创业之初打算建造一座全美最豪华的饭店——“希尔顿饭店”，但遇到了资金困难。于是，他找到了地产商杜德，希望他能借钱给自己继续施工。

希尔顿直截了当地告诉杜德，他的饭店没钱了。“那就停工吧，”杜德漠不关心地说，“等有了钱再施工。”

希尔顿没有丝毫急躁和恳求的意思，只是一脸严肃地说：“我的饭店半途而废，受损失的将不是我一个人。”停顿了一下，希尔顿接着说：“事实上，你的损失可能比我还要大。”

杜德惊奇地问：“什么？我不懂你这话是什么意思！”

“道理很简单，如果我的饭店停工不盖了，那么这饭店附近的那些属于你的地皮一定会跌价，如果我再宣扬一下，说希尔顿饭店停工不盖，是土地原因，考虑另迁地址，你的地皮就更卖不上价了。”希尔顿不慌不忙地说。

“可是，你是没有钱才停工的，这才是事实。”杜德有点儿急躁了。

“没有人知道我是因为没有钱才停工的，我不会去告诉他们，也没有人会相信。我现在拥有好几家饭店，名声很好，我买下你的这块地皮，使你周围的地皮都涨价了，这你自己心中有数。”

这番推理果然击中了杜德，见他缄默不语，希尔顿接着说：

“你出钱把饭店盖好，我再花钱买你的。”杜德急于反驳，希尔顿用手势止住他，接着说：“你出钱盖饭店，我当然会让你有点儿赚头，就相当于盖饭店卖。当然最主要的是，饭店的工程不停工，你附近的那些地皮的价格就会上涨，如果我想办法宣传一下，你的地皮还会暴涨呢！”

至此，杜德表示可以考虑一下，并且最终答应了希尔顿的条件，使希尔顿度过了非常时期。

希尔顿的成功之处在于洞悉了对方的需求关键点。希尔顿从对方的利益角度出发，动之以情、直戳人心，配以严肃的谈话方式、简洁明了的语言风格和高明的谈话技巧，从求人者的身份转变为合作者，没有过多的游说和恳求，反而提高姿态，一一列举对方最关心的利益问题。说者有意，听者有心，自然手到擒来，顺利达成说服目的。

言谈中，迅速在脑海中概括出对方的话语含义，继而整理出自己要说的话，结合对方发言，有针对性地提出意见，达到一语中的的效果，这就会给对方一个处事通达、逻辑清楚的印象，可信度也自然提高。说话本身就是一种口耳相传的语言活动，双方对话你来我往，不是一人独秀。因此，可以一语蔽之的事情，尽量简洁，一言两语说不清的事情，更需要把握重点。

第六节 06 言之凿凿：用实例让对方坚信不疑

法国思想家蒙田曾说："语言只是一种工具，通过它我们的意愿和思想就得到交流，它是我们灵魂的解释者。"如果思想能够通过语言来表述，那么实例就是证明、支撑语言的桥梁。

事实胜于雄辩，人们喜欢引经据典、列举实例来取信于人。有道是：前车之鉴，后事之师，乃殷鉴不远；不赏之功，细细品读，可鉴往知来。故事和事例是有血有肉的，真实是打动人心的武器，胜于一切空洞无物的说教。诸多道理在事实面前不言而喻，诸多歪理在遇到一个个事例时也只能不攻自破。

引经据典，多用事例验证道理

诸葛亮以史为鉴，一篇《出师表》字字血泪，其中一句：“亲贤臣，远小人，此先汉所以兴隆也；亲小人，远贤臣，此后汉所以倾颓也。”以前人实例为证，劝谏刘禅要任用贤能。刘禅看后大为感动，深以为然，而后也确实听从了诸葛亮所言，礼贤下士。由此可见，说服他人时，要将一些道理直接罗列，堆砌表达难免略显空洞，即使言之有理，也缺乏劝服力。倘若用众所周知的实例，引出一番易于领会和接受的道理；或是用换位思考，列举实例，以此类推，引叙到自身，就很容易让人信服。

真理需要成千上万次的实践才能验证；真假需要探寻真相才可判断；道理需要贴切的实例来证明。各持己见时，再多的话语也不如摊开一个实例来得简明。在事实面前，所有诡辩都不过是自欺欺人的狡辩罢了。

以小见大，善用实践论证观点

哥伦布在经过了十八年的准备后，成功地穿越大西洋，并发现新大陆。这一伟大创举使得举国震惊，哥伦布也因为这划时代的发现，被视为英雄。

在一次为哥伦布庆功的宴会上，有人艳羡嫉妒，当众发言称：“上帝创造世界的时候，不是就创造了海西边的那块陆地了吗？

发现，哼，又算得了什么！”言谈间，全是轻蔑。

面对这样的言论，哥伦布并未激昂辩驳、据理力争，而是从桌子上拿起一个鸡蛋，并对在场的客人们说：“各位，这是一个普通的鸡蛋，有没有谁能够把它立起来呢？”在座的宾客们都试图把鸡蛋立起来，但鸡蛋传了一圈，都没有人能成功。宾客纷纷断言：“这是不可能实现的事情啊！”

可是哥伦布接过鸡蛋后，把鸡蛋的一头在桌上轻轻一敲，他毫不费力地把鸡蛋立了起来，一时间全场哗然。哥伦布转过身来对大家说：“这其实也是很简单能够做到的，可是各位都没能成功。是的，当大家知道了某件事情该怎么做后，没有人做不到。”

哥伦布离席而去时留下了一句令人回味的话：“我能想到你们想不到的，这就是我胜过你们的地方。”

哥伦布以广博的学识、敏捷的思想、简明的实例，让众人亲身验证了他想表达的道理。用实例告诉众人，已知的事物，知其然知其所以然，有所作为并不稀奇，但在未知的领域，仍能创造历史者少之又少，他被人称赞，原因就在于此。遇到争论、挑衅的时候，针对事物的本质，用事实说明观点，有理有据，即可立刻逆转形势，让众人心服口服。

俗话说：“若要讲清，举例说明。”想要阐述一个晦涩难懂的道理，可以采取讲故事、举事例、摆事实的方式解释。一个生动有趣、灵活贴切的故事或事例，可增加道理的说服力，在公共场所还能起到宣传效果。人们会不由自主沉浸其中，受到感染、获得启迪。

深入浅出，运用举例，表达生动

梁启超先生是我国近代的国学大师，同时也是一位非常出色的演讲家。他提倡改革，需要四处演讲说服更多的群众参与到改革中。因为许多观点过于严肃、学术性太强，直接讲述会让观众感到枯燥无味。乏味的灌输怎能激起人们的热血？因此，梁启超在演讲中时常添加小例子来进行说明。他的演讲经常是旁征博引、深入浅出，听者轻松理解，感受深刻，偶有困惑之处，也在一两个小例子的说明后，让人感到醍醐灌顶。

在一次题为“为学与做人”的演讲中，梁启超说了这样一段话：“诸君啊！你千万不要以为得些片断的知识，就算是有学问呀。我老实告诉你吧，你如果做成一个人，知识自然是越多越好；你如果做不成一个人，知识却是越多越坏。不信吗？试想全国人所唾骂的卖国贼某人，是有知识的呀，还是没知识的呢？试想全国人所痛恨的官僚政客——专门助军阀作恶鱼肉良民的人，是有知识的呀，还是没有知识的呢？诸君须知道啊，这些人当十几年前在学校的时代，意气横历，天真烂漫，何尝不和诸君一样？为什么就会堕落到这样的田地呀？天下最伤心的事，莫过于看着一群好好的青年，一步一步地往坏路上走。诸君猛醒！现在你所厌所恨的人，就是你前车之鉴了。”

演讲中，梁启超为了说明做人为先，做好人再去做学问的道理，列举了卖国贼、政客虽有学识但不会做人，人人喊打的例子。此例恰如其分，增强了说理力度，听众轻而易举就接受例子所表达的观点，并对其深信不疑。

心中有丘壑，自然出口成章；发言有理有据，自然能言之凿凿。没有实例作为辅证，一切的道理都是空谈。在《向沙漠进军》一文中，通过列举新疆和内蒙古沙荒区治沙成功的事例，说明“沙漠是可以征服的”，没有实例，开口就说沙漠里种植一片树林，别人会笑言：“这是痴人说梦！”

举例说理，首要考虑例子的典型性，不贴切的例子反而会让听者感到混乱；其次注意举例的数量，过犹不及，适量即可；最后要针对其特点，加以论述，论据结合，逻辑完整，才可直入人心。

在现实生活中，没有人天生能说会道。如果语言不够有魅力，不妨多举例子，故事和例子的说服力能弥补语言的不足。深奥的道理难阐述，可用简单的例子来说明；复杂的情感难表达，可用相似的故事来陈情；对方为难开口的诉求，可用应景的实例来点悟。举例说明的说服方式能体现讲话者广博的知识面，胸无点墨自然难以立即想到合适的事例作说明。

说服他人，除了要有精妙的论证、生动的实例，还要加入丰沛的情感。语调、情绪都是左右谈话的重要因素，要想让人深信不疑，自己需先自信起来，说话要铿锵有力，与倾听者同频共振、凝聚共识，在说理陈情间穿插实例，持续吸引对方的注意力，再配以坚定的语气、抑扬顿挫的语调和言之凿凿的论点作为辅助，即可让对方下意识顺着举例者的思维思考。

《荀子·非十二子》中有言："持之有故，言之成理。"即说话做事，有理有据。人们对于新鲜的观点，惯于抱以怀疑的态度；对他人的意见，常是搭建起防御的壁垒。而铁证实例，就是打破疑虑，一锤定音的关键。一个实例能让论点坚不可摧，让话语掷地有声，让人心悦诚服。

第七节 07 活用数据：让数字增强你的说服力

雨果曾说：“人的智慧掌握着三把钥匙，一把开启数字，一把开启字母，一把开启音符。知识、思想、幻想就在其中。”数字中蕴藏着无穷的知识，是人类智慧的结晶，生活中处处离不开数字。而在言谈中，灵活使用数据、常常列举数字说明，可准确、客观地反映事实情况，增强话语的说服力。

数据是什么？数据就是一种信息，而反映信息、表示数据最直观的方式就是列举数字。擅长搜集数据，并灵活运用的人往往在工作上业务熟练、精明能干；掌握更多数据，并擅长列举说明的人往往能在交谈中占得话语的先机。

利用数据，增强客观性

语言是激昂带有感情的，但数字是理性的；语言是空泛带有主观意见的，但数字是精确而具体的。谈起某件事或表述思想时，可在数字的提示下找到联系，发现问题的本质。话语和数字的联系能削弱语言的主观性，更容易让对方接受。有时候，面对他人的质疑，不必一味强调观点，直接列出一个可供查证的数字来支持论点，就可让对方哑口无言。

曾经，有一位美国人故意为难我国领导人，向他提出了这样一个问题："一个国家向外扩张，是由于该国的人口过多，这种观点您怎么看待？"

这位领导人并不认同，立即反驳道："我不同意你的这种看法。英国人口在第一次世界大战前只有4500万，这并不算太多，但是英国在一个时期内曾经是'日不落'的殖民帝国。美国的国土面积为937万平方公里，和中国963.4057万平方公里比较，中国也只是略大了一点点，但是中国的人口远远超过美国人口的5倍还要多，可是美国在海外很多地方都有驻军。中国的人口虽多，却没有一兵一卒驻在外国领土上，至于在外国建立军事基地更是没有，由此就可看得出来，一个国家是否向外扩张，与她的人口多少是没有关系的。"现场的人听后，连连点头，而恶意提问之人早已羞愧难当。

面对对方的恶意为难，己方先是表明自我观点，而后开始列举大量的数字，包括英国人口数量，中国和美国的领土面积、人口数量、海外驻军情况，所有数据真实而准确，可谓论据翔实，再配合观点论证，自然顺理成章，最终故意挑衅的人也只能哑口无言。

善用数据，增强严谨性

日本作家安本隆晴表示：“数字力就是将事物以合乎逻辑的方法，整理归纳的思考方式。”聪慧的犹太人，就喜欢在谈话中使用数字描述生活中的细节。他们注重数字，习惯、善于使用数字，甚至谈论天气也会使用数字。一般形容天气，都会从概况上描述，比如“今天是个好天气”，但他们喜欢精确表示出具体的温度，如“今天气温为24摄氏度，最低也可达到20摄氏度”，这就体现出其缜密而严谨的语言风格。

罗际夫曾说：“要训练自己成为数字高手，首先要对数字产生兴趣，方法是让数字和生活发生关联。”使用数字来说理，就是让抽象的问题具体化，能体现个人的严谨，在无形中建立起一个踏实可信的形象；用数字辅证言论，引导对方从旁观者的角度分析，旁观者清，思维清晰，说明也就更有力度。

1972年，来自纽约的一位女国会议员贝拉·伯朱格进行了一次演讲，呼吁在政治生活中给予妇女平等地位。她说："几个星期前，我在国会倾听总统对全国发表讲话。在我周围落座的有700多人。我听到总统在说：'这里云集了美国政府的全体成员，有众议员、参议员，还有最高法院成员和内阁成员。'我环顾四周，在700多名政府要员中只有17人是女性；在435名众议员中只有11人是女性；100名参议员中只有1名女性；内阁成员中没有女性；最高法院中也没有女性。"

说到这里，她已经结束了发言，而现场鸦雀无声，听众沉浸在这惊人的数字对比当中，之后场内响起了久久的掌声。

这位女议员本身是一名政治女性，却从一个客观的角度来分析女性在政治生活中的处境。带有主观情感的话语，只能博取感情共鸣，出口难免落于下风。将观点说明，再列举出这几个确凿的数字，无论听众是否赞同她的观点，都不得不承认在政治生活中的确存在着性别歧视。

活用数据，提高表达力

毕达哥拉斯说过："数支配着宇宙。"数字时而略作变形，用概率的形式出现，在统计对比中说明观点和问题；又时而严肃刻板，在多个精确到小数点的列举中瓦解对方的防御。在现实生活中，就能感受到数字无处不在，很多事情都可以用数字表示。

数字该怎样使用？什么时候该使用数字表述？其中还有诸多技巧。挑选合适的数字是门学问，为了使数字起到渲染、强调、引人注意或警示作用，可以使用一个宏观数字来表示，凸显事情的重要；相反，人们为了淡化、隐瞒、低调处理某件事、避免引起恐慌，可从局部描述，选取较小的数字来描绘它。

约翰·艾伦·保罗斯曾说过："在一般情况下，几乎任何用数学形式表达的科学问题都可以转换形式，或是变成吓人的警告，或是变成吸引人的诱饵。"两方僵持不下时，用数字表达观点，可能马上就扭转局势；对方态度坚定，毫不动摇时，用精确的数字支撑观点，对方难免会产生动摇。数字能给人带来一个新奇的思考角度，用数字说明的方式新颖而易于被接受。若对话中有意识地在现实问题与数量之间建立联系，就能发挥数字在立论上的价值。

第 8 章

明就暗推：学会巧妙地拒绝

在日常的人际交往沟通中，力所能及地帮助他人很正常，但也要量力而行，如果做不到就一定要及时拒绝他人。很多人害怕直截了当地拒绝会损害人际关系，但如果你能够给对方一个合情合理的“说法”，即使是拒绝也能够让对方欣然接受。

第一节 01 和风细雨：幽默地拒绝不使人讨厌

约·韦斯有言："幽默是藏身于笑话之后的严肃。"幽默是一种包装，是一种形式，它像一张糖纸，包裹着真话，有些拒绝的话说出来会平白惹人不悦，倒不如用巧思包装。

喜剧大师卓别林曾经说过："学会说'不'吧！那你的生活就会美好很多。"中国人讲求"中庸"之道，拒绝他人时，常常踌躇应该如何开口，万般权衡之下，还是说不出拒绝的话语。但遇到力所不能及的事或是面临难以妥协的选择时，就必须表达出拒绝的态度。幽默的拒绝方法适合在任何场合使用，在轻松诙谐的话语中表达出否定的意思，或讲述一个精彩的故事让对方听出弦外之音，既避免了让对方难堪，又转移了对方被拒绝的不快。

幽默是什么？拉布说："幽默是生活波涛中的救生圈。"生活中，遇事幽默解决，乃是一种机智的处世之道。时间紧迫，没有额外的时间去帮助他人时，可以这样拒绝："我多想像孙悟空一样，变出千万个分身来，最好还能使用法术，可如今实在是行程满满当当，心有余而力不足啊！"一来阐明忙碌的境况，二来传递出想帮助对方的迫切心情，对方在理解的同时也会接受你有苦衷的拒绝。

朋友许久未聚，可家中事务繁杂，若是直言，难免会让人感觉此人不重情谊，难得相聚也不赏脸，无端伤了朋友感情。幽默的拒绝可以让你化解朋友之间的情感危机："真是对不住，今天恰逢家中有急事，家中夫人和公主二人等着卑职伺候，若是不回去，恐怕以后都不用回家了，今后就跟诸位兄弟蹭住了。"一句玩笑，拒绝的话语就在这样戏剧化的演绎下轻松出口。

幽默是调剂氛围的佐料

幽默是一种从容，对生活中不可调和的部分要以宽容和积极的心态应对。营造出轻松的谈话环境，再紧张的人也会打开严密的防守，无形中卸下话语中的防备；幽默是一种礼貌，顾忌到他人情感本身就是尊重的体现，虽然玩笑般拒绝少了几分严肃，但其中却透露出对他人情感起伏的关注。

能做满足他人心愿的圣诞老人，谁又愿意为难地开口拒绝呢？但是古语有言：“有所不为，才能有所为。”处于必须拒绝的境况，人们很容易就会有拒绝他人的愧疚感，莫不如将幽默融入话语和表情中，扫去沉重的心情，耸耸肩、摊摊手，将拒绝展现得无奈而诙谐，对方也在开口一笑的同时，理解了你的心情。

日本政治家大平正芳曾经说过：“幽默可以说是能给人以微妙感的调剂生活的佐料。由于某种轻巧的幽默，就可以使当时的气氛为之改观，使僵局的悬案豁然解决。”幽默的话语让人心生愉悦，彰显智慧，直言恶语只能展现出个人的浅薄和无知。在社交和谈判场合，幽默的谈吐是展现个人魅力的重要方式，它是一种情绪的感染，既能活跃气氛，又能避免矛盾产生。幽默的拒绝是一种体贴，使用幽默的语言拒绝他人的要求，彰显了个人的睿智、沉稳、八面玲珑，同时又给足了对方面子。

两个公司谈判，对于定价二者始终没有达成一致，于是，其中一方的公司代表故作轻松地说：“如果贵方坚持这个进价，请为我们准备过冬的衣服和食物，总不忍心让员工饿着肚子瑟瑟发抖地为你们干活吧！”立即打破了双方僵持的尴尬局面。

幽默是沟通的利器

工作中的幽默拒绝是沟通的利器，生活中的幽默拒绝是双方友谊维系的桥梁。强硬地拒绝，会引起他人不适；温暾地推诿，双方难免产生隔阂。拒绝，本身就容易造成双方关系的破裂，此时将心有余而力不足的无奈心情传达给对方就尤为重要，可能一句幽默的话语、一个无奈的表情，都能化解朋友之间的尴尬。

美国总统罗斯福就是一位风趣而幽默的人，他在海军任职时，遇到一位朋友向他打听海军在加勒比一个小岛上建立潜艇基地的计划。这个问题不好回答，如果一口回绝，会让朋友尴尬，损伤朋友感情；如果全盘托出，又是严重的泄露机密的行为。左右为难之下，罗斯福微微一笑，神神秘秘地扫视了一眼四周，向朋友倾身，小声问道："你能保守秘密吗？"朋友回答道："这是自然，我当然能。"罗斯福调皮而又得意地说："那我也可以。"

罗斯福用幽默的话语，拒绝回答朋友的问题，给了朋友一个顺势而下的台阶，同时还寸步不让地坚守住原则。双方一问一答之下，营造出一种轻松的交谈氛围，再辅以幽默的话语，就能化解拒绝他人后可能产生的紧张、尴尬的局面，达成了默契。

用假设的方式类比出一个相似的情景，推测出一个对方无法反驳的结果，不仅能用幽默的方式博人一乐，更达到了拒绝的目的。有时候，拒绝并不代表着排斥和反对，要将这种心意传递给对方。虽然结果最终都是拒绝，但这不意味着毫无作为，用幽默的方式表达可以缓解拒绝时的紧张气氛，消除拒绝对方可能产生的消极影响。

幽默是恰到好处的分寸感

风趣幽默既是一种风度，也是一种修养。文学巨匠钱锺书先生是个非常低调的作家，他享受一心一意研究学问的生活，喜欢在不受干扰的环境中专心写作。他出版的讽刺小说《围城》，引起了国内外的轰动和关注。许多人带着好奇和憧憬的心情期盼可以拜访他，记者也是蜂拥而至，希望能够近距离采访他，为大家揭开这位文坛巨匠的神秘面纱，但这也是先生非常困扰的事。

有一次，一位英国的女书迷向钱锺书致电，表示自己非常喜欢《围城》这部文学作品，希望能够面见先生。钱锺书婉言拒绝，但是女士非常执着。先生本身是一位非常幽默的人，他曾说："一个真有幽默的人别有会心，欣然独笑，冷然微笑，替沉闷的人生透一口气。"最后，先生用其幽默的话语表达方式拒绝了这位女士："假如你吃了一个鸡蛋，觉得不错，你认为有必要去认识下蛋的那只母鸡吗？"女士听后，放弃了拜访先生的念头。

如何在不伤害书迷感情的情况下礼貌拒绝呢？先生用一个简单的类比，风趣而有理有据的提问，四两拨千斤，阐明了作品本身带来的趣味已经传达到读者心中，见不见到作者又有什么关系呢？

纪伯伦曾说："幽默感就是分寸感。"拒绝他人时一口回绝，很容易给别人造成此人高高在上、傲慢的印象。有求于人，自然姿态放低，心思敏感，因此，幽默地拒绝时态度要端庄、玩笑适当，过度玩笑难免让人感觉不被尊重，本想幽默一下，结果幽默到他人沉默无语，折辱对方就得不偿失了。包裹着善意的趣味话语能讨喜；恶意的嘲讽是滑稽。拒绝他人的分寸拿捏得当，反而能增进双方感情。分寸不当，让对方感受到有一股讽刺意味，因而就此疏离的例子也比比皆是。

第二节 02 正话反说：夸张的肯定即是拒绝

张九龄有言：“甘则易悦，直则难入。”悦耳之言，接受度就高；带着棱角的直言，多数人听了会反感，此乃人之常情。尤其是拒绝他人时，双方情绪都比往常更敏感，出言须要谨慎。正话反说是一种较好的拒绝方式，字面意思与本意刚好相反，给被拒绝一方留出思考的空间，双方都能得到一个缓冲的时间，有时还能制造幽默感，营造出轻松的交谈氛围。

鬼谷子有言：“口者，心之门户，智谋皆从之出。”万事都可通过沟通来解决，拒绝更需要有技巧、有智谋的沟通，它看似是一个人的决定，实际上需要双方的合理表述，重点是要让对方理解其意。有时不好直说又需要快速拒绝时，可以使用正话反说的方式沟通，即先对对方的意思或观点表示肯定，而后传递出自己的不同意见，最后让请求者自己参解其中含义，知难而退。

正话反说，侧面表达自己的见解

有人向作家赵树理提出请他修改传统剧目的请求，而他一向不赞成以粗暴的态度任意删改传统剧目，把传统剧目搞得不伦不类，因此拒绝了。

有一次，对方邀请他去看新编神话剧《柳毅传书》，他发现这出传统戏被强行添加了很多“新内容”。冒险到洞庭湖传书搭救龙女的柳毅，竟然能揭示出地主和农民的剥削与被剥削关系，还添加了领农民去斗地主等情节。

戏演完后，对方问赵树理有什么看法。赵树理反问道：“柳毅入党了没有？”接着又一本正经地说：“如果还没有，就应讨论他的入党问题，戏名也就改为《柳毅入党》，柳毅同志历史清白，成分好，立场鲜明，觉悟高，符合入党条件，应该吸收他为党员。”众人听了，哈哈大笑，连连点头，都惊叹于赵树理的巧言反语，对他独到的见解更是心悦诚服。

赵树理结合当时的社会，将传统剧目中的人物与现实结合，顺着乱改编的剧目提出了更夸张的改编想法。虽然明面说着继续改编的建议，实则是讽刺这种随意改编传统剧目的不负责行为，将荒谬的改编现象放大，通过传统和改编的夸张对比，让人顿感哭笑不得，玩笑中带着严肃的斥责，一针见血地表达出对此行为的不满，而其幽默的语言也有效避免了气氛的僵化，大家在哈哈一笑中接受了他的观点。

俗语有言：“心中有乾坤，口上见所无。”心中的话不必直接说出口，逆耳之言易引起他人反感，导致对方从心理上就拒绝接受其中传达的思想，沟通就此陷入僵局，完全达不到沟通的目的。若正话反说，从另一个角度将思想表达出来，将判断交给对方，就能化腐朽为神奇。人往往相信自己的判断，比起一味说理讲情、小心翼翼地拒绝，不如用夸张的方式从侧面说出想法，且由对方评判。

正话反说，震慑对方的挑衅

拒绝他人有时需要使用反语来表达讽刺。如果对方荒谬的请求听来让人气愤，为避免在情绪激动时破口大骂丧失自己风度，此时就可以巧妙地利用反语表述。这样不但能摆脱当前的困境，避免在情绪影响下的恶语相向，还能传达出自己的想法，嘲讽，甚至震慑对方。

陈赓在上海养伤时被叛徒出卖，不幸被捕。得知这一消息的蒋介石非常高兴，他派了很多人去劝降陈赓，让他没想到的是，陈赓软硬不吃，无奈之下他只能亲自出马。蒋介石走到陈赓面前望着他，用充满感情的声音说："你是陈赓，是校长的好学生，黄埔军校的杰出学生。校长对学生一向是爱护的、宽大的，虽然你在政治上犯了错误，但是我可以原谅你。"

陈赓把脸转到另一边，冷冷地回答道："我根本不需要你的原谅。你爱怎么办就怎么办吧！"

蒋介石为了缓和气氛说："你怎么能这样说呢？大家都是黄埔军校的老同志了。黄埔人都应当团结救国。你跟着他们有什么好处呢？弄成这个样子，我告诉你，黄埔军校的校长决不杀黄埔人。嗯……"他看着陈赓想了想，还是换个话题好。"你才从大别山来，那里的情况怎么样？老百姓还过得下去吗？"

陈赓转过身来，瞪着他："你派兵去那里打仗，杀人放火，他们过不下去，不也得马马虎虎过嘛！"

陈赓坚持自己的政治理想，拒绝配合蒋介石，值得称道，反观蒋介石惺惺作态的言论就着实令人气愤了。但处于劣势情况的陈赓没有口吐恶语，而是通过明侃实斥的方式，暗喻蒋介石不顾民生，发动内战。避免了自己在困境中陷入更恶劣的情况，寥寥几句话看似是故人相见时的寒暄，实际上蕴含的杀伤力堪比刀刃。双方都是聪慧之人，蒋介石自然能听出陈赓的嘲讽之意，可人家又没破口大骂，蒋介石只能做口吃黄连的哑巴了。

正话反说，让拒绝更有说服力

处于劣势时，面对对方的威逼，既不能和对方起争执，以免挑动对方的情绪影响大局；又不愿妥协，心中意气难平时，可以用反语表达拒绝。反语要比正面拒绝更有说服力，根据对方的要求或条件推出一些荒谬的、不现实的结论来，从而加以否定，巧妙地展现出拒绝的强势。

面对同一件事，一人认为该实行，一人认为不可实行，两者观点刚好对立时，激烈地辩驳争理，就易引起气氛的紧张。你一言我一语也是“公说公有理，婆说婆有理”。一时之间，也争不出个高下。此时，拒绝者可以采用正话反说的方式表达观点，换一种表达方式，不管是明褒暗贬，还是明答暗拒，都能营造出一种轻松的交流氛围，从侧面增强话语的说服力，从而引导对方的逻辑。

有一个香烟商人到某地去做生意。一天，他在集市的一处空台子上高谈阔论抽烟的好处，向人们推销香烟，走过路过的人都听得津津有味。

此时，走来一位老者，他直接走到了台子上，也要说几句。商人怕他说出什么话干扰了自己做生意，慌忙阻拦，台下的众人不明所以，但也对他打扰了商人的滔滔不绝十分不满。

老者上台便立即开口说道：“各位女士们、先生们，抽烟的好处真是说也说不完，可他没有说，香烟最大的三个好处！我想给大家讲来听听，看我说得对不对。”

他一开口就勾起了众人的兴致，香烟商人也乐见其成，附和道：“老先生，一看您就是学识渊博之人，快来给大家说说吧！”说完便双手一背，一副洗耳恭听的样子。

老人先是礼貌地笑了笑，之后开口：“第一点，狗害怕抽烟的人，看见就慌忙逃窜；第二点，小偷不敢去偷抽烟者的东西；第三点，抽烟者容颜不老。”众人听了不解其意，连连称奇，交头接耳地讨论，纷纷要求老者详细解释。

于是，老者接着说道：“第一，抽烟的人容易驼背，狗一看到他，以为他是在弯腰捡石头准备打它呢，肯定会害怕逃跑；第二，抽烟的人夜里爱咳嗽，小偷以为他还没睡着，就不敢去他家偷东西了；第三，抽烟的人很少有长寿的，所以永远年轻。”老者讲完后，众人明白了他的意思，哄堂大笑之后纷纷离开了，即使商人在后叫嚷挽留，也没有人留下来了。

商人通过条条列举香烟的好处来销售香烟；老人则采用正话反说的方式反驳商人。从结果上来看，显然后者更为成功，他将抽烟的害处一一巧妙地传达出来，虽然没有一句话明确指出“拒绝吸烟”，但夸张的肯定中传达出了坚定的拒绝。长期吸烟的不良后果已经说明，想要表达的思想不言而喻，反语加上留白的表达方式，准确地击中人心，没有争辩、没有硝烟地轻松扭转了局势，实乃表达拒绝之良策。

正话反说一定要运用恰当，即说到关键之处。要让对方明白话语的内在含义，自己领悟之后，按照你的思路去考虑，从而改变最初的想法。有句古语说得好：“秀才遇上兵，有理说不清。”有些人不爱听大道理，也没有同理心，不接受拒绝，无法与其说理、讲是非，不如另辟蹊径，试试正话反说的方法，巧妙瓦解对方对自己思想的“铁壁防御”，转而思考其他的可能性。

海涅在《法国的现状》中写道：“言语之力，大到可以从坟墓唤醒死人，可以把生者活埋，把侏儒变成巨无霸，把巨无霸彻底打垮。”在交流中，若能巧妙发挥正话反说的语言力量，使话语更具深意，即使双方意见相左，也能让对方感到趣味十足。

第三节 03 旁推侧引：巧借他人之口

常言道："借他人之口，言难言之欲。"我们在为人处世、写作说话时，经常借用名人的话来佐证自己，或是巧借他人之口，抒己之意。同理，拒绝他人时也可以采用这种方式。借用别人的话来表达自己的意思，是拒绝他人时常用的技巧。主要是依靠其他方法穿针引线，让其成为双方互通的媒介，拒绝也无须直接表达，间接地传达拒绝即可。

借用的对象区分实际上大有学问，可以分成三种：第一，借诗词、名言、至理典籍暗示拒绝；第二，借用他人的名头，以此为由委婉拒绝；第三，借对方之口作罢此事。

诱导对方先开口

我看是山，你看是水，究竟是山是水在乎人心罢了！有求于人和拒绝他人时，是否感到为难取决于个人，它虽然是件相对的事，但并不是绝对的，想要不伤人、不伤己地拒绝其实并不难。己方难以表达出口的拒绝，对方可能并不以为意。面对不容易拒绝的情况，诱导对方先开口无疑是“不战而胜”的绝妙一招。

有一个足球队的球员，在球队效力了几个赛季之后，认为自己已经在这支球队工作了这么长时间，是时候加薪了，于是便到经理面前表示想要加薪，经理点头表示知道了，但没有马上同意，只说：“我考虑一下，再答复你。”实际情况是：虽然在球队效力许久，可这位球员成绩平平，仅凭资历来说，无法作为他加薪的理由，被拒绝是板上钉钉的事了。但此时赛季还未结束，若是直接告知对方缘由，恐怕会影响其比赛心态；若是给他加薪又实在于理不合，说不过去。思来想去，经理想出了一个好办法。

他再次叫来了球员，询问他：“这个赛季，你感觉自己的成绩如何？”球员略作思索说：“与以往状态差别不大。”听罢经理拿出了这名球员几个赛季以来的成绩分析和对比数据。待这个球员阅览完毕后，再次提问：“如今你的薪资正和这成绩一样，与当初相比，无增无减，我希望下场比赛的统计数据出来之后，再决定是否批准你的加薪请求。”这位球员听后，深以为然，没有好成绩凭什么能无端要求加薪呢？此事提得无凭无据，确实有些冒失。于是，他坚定地跟经理说："对不起经理，这个请求我想暂时收回，保留到我踢出自己和球队都满意的成绩后再谈！"

球员无凭无据就贸然在大赛期间提出加薪，经理考虑到不能影响球员的比赛心态，因此拒绝时采取了引导对方先开口的方式，体贴又高效地解决了问题。首先，经理拿出几个赛季以来的这名球员个人的比赛成绩给他看；其次，暗示如果下场比赛有所进步再考虑加薪的事，既鼓励了对方，又顺利地表达出立场；最后，引导对方自己心悦诚服地收回请求。

让对方主动收回请求或是提出寻找其他解决办法，是一种较为稳妥的拒绝方式。若将与双方交谈的过程比作对弈，虽然对方先落子，但只要在策略上领先，不论对方下一步具体如何落子，都会在意料之中。这种方式需要拒绝一方"先声夺人"，掌握主动权，引导话题的走向，难度较高，但效果最好。

相同的话语，表达方式、角度不同，就会收获截然不同的效果。面对他人的请求，若直说拒绝，很可能会在无意中导致对方尴尬或是反感，更甚者就此疏远了关系。难说出口的话，以他人为由拒绝，可隐藏自我真实的想法，同时避免伤害对方的自尊心。巧借他人之名，实际上就是找寻一个更让人无法拒绝的借口，在二者无法兼顾的情况下，无奈只能选择优先级更高的事来办，最后真诚地表达歉意，获取对方的谅解。

借用第三者口吻夸大影响

一家品牌服装店为了庆祝20周年店庆，推出了很多促销活动，并购买了一件知名设计师的礼服作品作为镇店之宝，预备在20周年店庆时对外展出和销售。这件礼服华贵优雅、做工精良，实在令人瞩目，周年店庆之前一直放置在库房中。这家店里的一位服务员的朋友听说了这个消息，饶有兴趣地向其打听价格，并跃跃欲试地表示——想要去其工作的地点提前看看这件礼服。虽然这件事可以实现，但风险太大，如果被人发现将面临被开除的风险，必须要拒绝。难就难在二者关系亲近，服务员不好直接拒绝，于是说道："老板在购买了这件礼服的第二天，就开会强调了'除库房管理人之外，其他人禁止进入！一经发现，立即开除'，我也有心无力啊。"朋友听后表示理解。

这位服务员的朋友理直气壮地提出了这个要求，是因为其并不知道服务员答应这件事可能给自己带来的危害。如果站在自己的立场表示拒绝，朋友可能会认为："你不重视朋友情谊！这点小事都不同意！我们感情这样好，你只考虑你自己！"从而引起二人感情出现隔阂，甚至破裂。而服务员聪慧地将老板搬出来，特意借用第三者的口吻，将此事不可行的危险性夸大。此事第三者介入展现出的强硬态度让朋友瞬时就跟服务员站在了同一立场，理解了服务员的难处。

以他人之口为由是一种“借题发挥”的拒绝方法。可以借用他人说过的话、做过的事，甚至是他人的身份。但需要注意，借用跟利用是不一样的，二者的区别在于前者合情合理，后者包藏祸心。合理地发挥和借用，要在尊重事实或是不对他人产生不利的基础上进行，这种方式既不会暴露自身立场，也不会引人反感。比如，他人向你借一本书，你可以这样说：“这本书不是我的，让我询问一下主人，再告诉你好吗？”

借用诗词委婉拒绝

借诗词、名言、典籍来暗示拒绝的方法与上述刚好相反，它立场清晰，但拒绝的表达方式委婉。就像是捉迷藏，将拒绝的含义藏在诗词、典籍中，让对方去寻找答案，若是一时想不起格言、诗词、典故，也可以有条有理地编撰一个简单的小故事，隐晦地传递出自己的想法。

中国历史上著名的《节妇吟·寄东平李司空师道》一诗就是唐代诗人张籍自创的乐府诗，描写了一位忠于丈夫的妻子拒绝了一位多情男子的追求。李师道是当时藩镇之一的平卢淄青节度使，又冠以检校司空、同中书门下平章事的头衔，可谓权势滔天。中唐以后，藩镇割据，他开始用各种手段，勾结、拉拢文人和中央官吏，张籍就是他要拉拢的其中之一。张籍主张维护国家统一，反对藩镇割据分裂，面对当红权贵李师道，他不为所动，却也不能得罪，于是写下这首含蓄的拒绝诗：

节妇吟·寄东平李司空师道

君知妾有夫，赠妾双明珠。
感君缠绵意，系在红罗襦。
妾家高楼连苑起，良人执戟明光里。
知君用心如日月，事夫誓拟同生死。
还君明珠双泪垂，恨不相逢未嫁时。

诗的意思是：你明知我已经有了丈夫，还偏要送给我一对明珠。我心中感激你的情意缠绵，把明珠系在我的红罗短衫上。我家的高楼就连着皇家的花园，我丈夫拿着长戟在皇宫里当值。虽然知道你是真心朗朗无遮掩，但我已发誓与丈夫生死共患难。我两眼泪涟涟归还你的明珠，遗憾我未嫁之前没有遇到你。

这首诗看似是写妇人言辞委婉地拒绝男子的追求，字里行间展现出无奈拒绝后自己内心的苦楚，情感真挚而充沛；实则暗示着对李师道的拒绝，摆明了自己的政治立场。为何张籍为人正直，政治立场坚定，诗中却表现得好似痛苦万分，这就是用诗词来拒绝的艺术了。对方抛出了长满荆棘的“橄榄枝”，诗中痛苦、遗憾的情绪是一种“示好”，也是剪掉这些荆棘的“工具”。由此，张籍在不触怒对方的情况下，最后恭敬送还“橄榄枝”，拒绝强权之后，还能全身而退。

诗歌的优势在于其夸张的情感抒发和艺术表达，无论内心想法如何，都可以借由诗歌来安抚对方的情绪，表达出自己的想法。除此之外，借用典籍、故事、格言等传达拒绝的信息，都可以达到这一效果。

借他人之口拒绝是一种高技巧的拒绝方式，委婉地表达只为让对方明白自己的“不愿意”。这种隐晦暗示彰显了使用者的智慧，巧妙地使用能在困境中扭转局面，得以全身而退；在两难中掌握主动，获得对方对自己的好印象。如此一来，就能给自己留有进退的余地，在特殊情况下不失为一种“曲线救国”的好办法。

第四节

04 避而不谈：用回避法拒绝

萨迪在《蔷薇园》中有写道：“话不像话最好不说，话不投机最好沉默。”若没想到合适的话语拒绝他人，不如闭口不言，延迟答复，或是顾左右而言他，岔开话头，间接地表达拒绝。说话就如同泼水，一旦话说出口，覆水难收。回避拒绝，既能防止出口伤人，又能给双方留有思考的时间。

回避法，就是在面对难以回答的问题时，短暂地停止发言，避开正面回答。虽然，回避和含糊作答都可以转移话题、引导话题走向，从而表示拒绝，但是掌握不好分寸，就容易给人故意推诿、过于世故的印象。对方心生不满不说，还造成了误会，岂不是得不偿失？因此，需要根据实际情况掌握使用它的时机。

巧用“挡箭牌”，避开干扰

向公众表达拒绝时，使用回避法往往能取得奇效。著名的作家巴尔扎克为躲避频繁的来访者，专注于文学创作，有意颠倒昼夜，调整自己的作息。黄昏至子夜，正是巴黎人社交的黄金时间，而巴尔扎克选择在这个时间休息；当人们进入梦乡时，他就开始写作，避开了客人和信件的干扰。

法国文豪雨果为了拒绝络绎不绝来拜访和社交的人也是绞尽脑汁。他要集中精力写一部小说，作了决定后，就给自己剃了光头。有人上门找他，他就指着光头，哈哈一笑说：“对不起，你看这头，见不得人！”对方只能悻悻而归。当有人请其赴宴时，他依旧指着头说：“我这光头，难登大雅之堂，去参加你的宴会，不是要给你丢脸吗？”来人只好无奈离去。时间一长，人们都知道雨果剃了光头，不出门交际，于是打扰他的人就越来越少了。

巴尔扎克和雨果并没有直接说自己需要时间和无人打扰的空间来写作，需要拒绝的人太多，逐一说明耗时耗力，再者拜访者再三恳求邀请，也不好拒绝，反倒浪费了更多时间。因此，二人都选择了回避拒绝法，巴尔扎克调整自己的作息避开人们的来访；雨果拿光头作为自己的“挡箭牌”，两种办法均取得良效。

请求他人可能需要鼓起莫大的勇气，虽然做好了被拒绝的准备，可当情况发生时，还是会感到内心酸涩，一时难以接受。双方都会苦恼如何组织语言，不只提出请求之人不好开口，拒绝之人也是如此。此时不妨暂且用回避的方式表明立场，时间一长自然彼此心领神会。在特殊情况下，对方没有正面提出请求，只是旁敲侧击地提起话题，也可以使用回避法暗示对方自己无意于此，对知趣者而言，这种无言的拒绝是最为体贴的。

“缓兵之计”避免不必要的矛盾

回避式的拒绝一般在无法说出真正拒绝原因时使用，寻找一个托词或闭口不言都是其主要表现形式。人与人的交往关系极为复杂，既是相互制约，也是相互依存的。通过回避拒绝他人，一来可根据双方关系思考托词；二来可给足对方时间去另寻良策；三来，可以观后续发展再从长计议。所谓：“一鼓作气，再而衰，三而竭。”回避不答、避实就虚能降低请求者的请求欲望。多次岔开话题后，对方也不好反复旧事重提，其自然就从话题走向中领会了不愿多谈的回避之意。

钱锺书与鲁迅都是著名的文坛巨匠，因此经常有人询问钱锺书对鲁迅先生的评价。钱锺书是个聪明人，知道说出真实的想法很有可能引来人们的批判和抨击，故而一直刻意回避谈论鲁迅。

在晚年时，依然避免直接提及鲁迅，在非要提及的时候，尽量少说或者不说，而且谈话中颇有深意，并不正面回答对方的提问。

钱锺书先生采用的就是回避法，直接拒绝回答会引来不必要的猜忌和遐想，因此他始终采取的是模棱两可的说辞来回避评价。这样间接地拒绝更容易让人接受，即使别人洞悉了他可能对鲁迅先生的文学有不同看法，但只要没有明确说明，这些都只是猜测，不能作数。他这样做既保留了本心、守住了自己的原则和想法，同时又将困境化解了。

回避并不是单纯的“故作不知”，而是一种有计划的“缓兵之计”，在他人摩拳擦掌，反复酝酿措辞时，利用回避的方式周旋，赢得更多的思考时间。如果对方提出了挑衅，甚至是侮辱性的问题，可以闭口不谈，以静制动。

强硬地回避斩断纠缠

苏轼有言：“匹夫见辱，拔剑而起，挺身而斗，此不足为勇也。天下有大勇者，卒然临之而不惊，无故加之而不怒。”回避法看似身处弱势，主要宗旨是逃避，实则不然，它是一种拒绝透露真心的拒绝方法。而强硬的回避可斩断对方的纠缠，比如给对方扔下一句：“无可奉告！”因此，强硬的回避，极为适合应对故意为难和恣意生事之人，可从心理上震慑对方，无论对方如何巧舌如簧，都得不到回复，就无法以此乱做文章。

齐白石是位极有风骨的国画大师。在抗日战争期间，日本人看重他的才华，邀请他到日本去，可远离战争，并加入日本国籍，以此为条件请求他为日本人作画。他闭门谢客，坚决不同意。

在日本人一次次的威逼之下，他无奈之下提笔画下四只螃蟹，然后落款“看你横行到几时”，日本人看后气得直嚷“齐白石太顽固”。

日寇的铁蹄踏入北平后，许多艺术家都被迫远离亲人，就是为了不在日寇的铁蹄下苟且偷生，不被利用。著名国画大师张大千在北平度过了200多天“心惊胆战”的日子后，毅然拒绝了日本人让其出任日本艺术画院院长一职，在1938年5月13日“抛妻离家”。他说：“我是中国人，不能留下千古骂名，我宁死也不做汉奸！”

张大千不愿接受日本人的利诱，又难以直言，只好回避，虽然忍受了与亲人分离的痛苦，但还是不让风骨浸污尘。即使是回避，也表现出刚强不折的坚定拒绝。

在骑虎难下之时，可以跟对方推个“太极”，使用拖延回避法。实话实说，自己能力有限，只能尽最大努力。为避免对方心生怨怼，要多使用温和的措辞，比如“我先想一想”“这个事情较为棘手”“请再给我一些时间考虑”等。所谓“尽人事，听天命”，如果提前说明情况，那么事不如意，也不能怪人了。

掌握被拒绝者的心态，即使是用回避法，也能化被动为主动。有时候，被拒绝者耿耿于怀的其实只是对方的态度，或是高傲蔑人，或是大打官腔，或是故作姿态，或是落井下石。倘若对方表现得竭力尽诚，仍旧无能为力，被拒绝也并不让人难以释怀了。

面对小肚鸡肠的奸恶小人，大可毫不忌讳地将其屏蔽在外，避免与其牵扯；遇到带着要挟求人帮助之人，无须推诿，直接无视即可，故作不明也是一种巧妙而刚强的回避。很多时候，回避本身就是一种拒绝，稍微注意一下回避时的态度，就可达到无形暗示他人的效果。也为彼此都找了个阶梯下。

第五节

05 大巧若拙：自嘲式婉拒

常言道："趋利避害乃生物之本能，扬长避短乃人之常情。""扬长易，而扬短难。"用自嘲的方式婉言地表示拒绝，不仅需要勇气，更需要智慧和广阔的胸襟。把自己放在低位，以仰望的姿态面对他人，是尊重对方、表示歉意的方式。像一记化骨绵掌，万般力道尽藏其中，有效地安抚了对方的情绪。这种拒绝对双方而言，都是愉快的。

自嘲是智者才能驾驭的拒绝之术，缺乏自信、高傲之人不敢使用。在拒绝他人后，无限扩大自我缺陷，甚至编造出一些缺点作为谈资，将其巧妙地运用到恰当的情境中，调侃自己娱乐对方，把握好自嘲的尺度，就能让对方感受到玩笑中的严肃。尤其是在公共场合之下，可以让拒绝的“锋刃”变得滞钝，给双方都留有余地。拒绝也需带着温情，若是对方提出了无理的要求，还可以以自嘲讽刺对方，让其知难而退。

自嘲是一种豁达的心态

著名书画家张大千即将从上海返回四川老家，临别，好友设宴为其饯行，还特别邀请了戏曲艺术家梅兰芳等人。宴会开始，大家纷纷推张大千坐首座。张大千却拒绝了，他说：“梅先生是君子，应坐首座，我是小人，应陪末座。”梅兰芳和众人都一脸疑惑，不知其意。张大千笑笑说：“不是有句话‘君子动口，小人动手’吗？梅先生唱戏是动口，我作画是动手，我理应请梅先生坐首座。”这时宾客们才明白他的意思，满堂笑声，最后请二人并排坐首座。

张大千坐主位，本是理所应当，但却谦让地请梅兰芳上座。自嘲自己是“小人”，看似是在贬低自己，实则是在巧妙地拒绝，同时表达出对梅先生的尊敬，体现了张大千为人豁达，为宴会营造出一种宽松、和谐的氛围。

好意的拒绝也需要有技巧地表达，才能发挥效果。如果对方不解其意，不领情，那么就等于白用功。拒绝他人之后，简单的几句自嘲玩笑，宽慰对方，胜过语无伦次地粉饰太平，这种自嘲传达出的善意能够迅速温暖对方，更显得平易近人。

无知之人，会贬低别人抬高自己；而智者都是贬低自己，抬高他人。扬己之短，从策略上来讲，看似是自我贬低的消极防御，实则是积极而自信地主动出击。

自嘲是睿智的拒绝方式

恰到好处的自嘲，可使交流顺畅且风趣，既增色添彩，又彰显出一个人的修养。比如，做了好事不想留下姓名，一句“鄙姓不足闻”，谦逊地表达了拒绝；反之，喋喋不休地开玩笑，却没注意对方急如热锅上的蚂蚁，只会让对方感觉不受尊重，并给其留下玩世不恭的形象。

自嘲是一种充满魅力的社交方式，可打破僵局、降低人和人之间的壁垒、制造轻松的交谈气氛。

启功先生是我国著名的书法家。20 世纪 70 年代末，向他求学、求教的人络绎不绝，先生住的小巷终日脚步声和敲门声不断。对于先生而言，不能静下心来专注于书法，这是非常痛苦的事。先生对于这种情况也是无奈，自嘲道：“我真成了动物园里供人参观的大熊猫了！”

有一次，先生患了重感冒，起不了床，又怕有人敲门，就在一张白纸上写了四句话：“熊猫病了，谢绝参观；如敲门窗，罚款一元。”慕名而来的人，看到这样的留言，也不好意思打扰病中的先生，纷纷离开了。

启功先生虽然被不请自来的人们骚扰得痛苦不堪，但却依旧保持着大师的风雅，自贬为被参观的动物，反而让对方羞愧。他没有气急败坏地轰赶，没有半分不悦表露在外，而以自嘲的方式从侧面表达出自己的困扰，给予对方尊重。

莫言获得诺贝尔文学奖之后，一些地方政府热情地邀请他担任政府职务，希望以此扩大当地的影响力。但是，莫言满心只有文学，对其他的工作没有兴趣。面对对方的“三顾茅庐”，莫言给出了这样的答复：“你们邀请我去担任这样重要的职务，让我受宠若惊。可我这个人实在太笨了，一不会管事；二不会管人；三不会管钱。除了会写点东西，可以说一无是处，如果去出任职务，十有八九会给你们添麻烦。你们如此看重我，我却辜负了你们的希望，实在抱歉啊！”负责邀请莫言的工作人员面面相觑，也不好不顾对方意愿再三提出邀请了。

莫言的拒绝方式足以体现他的睿智。他首先是肯定对方的请求，对他人的好意表示感激；其次自责自己太笨了，无法胜任这项工作，用三点“不会”展现自己确实无能为力；最后站在对方的角度考虑，希望其不会因为自己的拒绝而产生困扰，并表示歉意。

通常，拒绝他人的好意，会被视为不识抬举，尤其是莫言刚刚获得巨大成就，莽撞拒绝会给人留下傲慢的印象。而他将自己的“无能”和“笨”摊开，用显微镜放大自己的“缺点”，有理有据的自嘲让对方也无法再反复为难他。这样朴实真诚的态度也会传递到对方心中，被拒绝的不快就这样烟消云散了。

松下幸之助说过：“谦和的态度，常会使别人难以拒绝你的要求。这也是一个人无往不利的要诀。”我们在拒绝他人的同时，也希望能得到对方的谅解。以谦和的态度拒绝，对方也难以对这个结果产生反感。由此，不只是提出请求的人需要注意态度，拒绝的人也要礼貌而谦虚。

面对不好拒绝的情况，可能多一分严肃会让气氛紧绷，造成双方的尴尬；少一分理解会让事情愈演愈烈，造成无法挽回的后果。如果拒绝后，谈话气氛已经十分紧张，适时的自嘲，能有效平和对方的情绪，缓和双方的激动情绪。就像两个正在缠斗的人，一人双手合十，鞠躬认输，自认不敌，后者继续胡搅蛮缠也无意义，只能气急反笑，好像力气都打在了棉花上，进而化解了敌对情绪，甚至双方在理性沟通过后，反而找到了更好的解决方式。

想在拒绝他人之后说点什么宽慰对方，最好的方式就是自我嘲讽。此时想随便说些玩笑逗乐对方显然不适宜，但拿自己“开涮”就比较稳妥了，可以避免出现逗趣不当激怒对方的情况出现。

自嘲是一种低下头的拒绝，俗话说：“伸手不打笑脸人。”收起所有的锋芒，将最弱势的一面展现在对方面前，真诚地示好，从而在无形中抬高对方的地位，让话语优势转移到对方手中，冲突自然就化解了。

第六节
06 当机立断：温和中传达坚定

美国心理学大师科胡特曾提出“不含敌意的坚决”这一概念，拒绝他人时，就事论事，树立边界感。面对无礼要求，只能恕难从命；面对错误的建议，只能深闭固拒。比起找寻虚假的理由或是曲意逢迎，人们更想得到一个真诚的回答。

“当断不断，反受其乱。”人的欲望是无止境的，面对他人不合理的要求，应予果断拒绝，宁可割袍断义，也绝不姑息纵容。在现实中，“有求必应”实在不切实际。该拒绝的时候，应当机立断，舍去无谓的纠结，于人于己都有好处。面对无理的要求，可礼貌先行，坚定的拒绝态度暗含其中，先礼而后兵。

中国人处事，力图与人交好而不交恶，交流中也尽量避免使他人不悦，因此也不擅长拒绝他人。在生活中，很多人面对他人的请求，来者不拒，夸口“小事一桩”，之后再辗转反侧，愁苦不堪。最后，事情没有办成，一拖再拖，还莫不如当初就果断拒绝。

俗话说：“事缓则圆。”未经思考脱口而出的拒绝，不论是从情感上还是从理智上，都会让对方难以接受。

骨宜刚，气宜柔，若能在拒绝的过程中给对方一个缓冲，结果就会截然不同。

19世纪极富传奇色彩的舞蹈家邓肯，幼时就是一位叛逆、坦率的小女孩。

在一次圣诞节，学校举行庆祝大会，教师一边分发糖果和蛋糕，一边说道：“小朋友们，猜猜看，圣诞老人给你们准备了什么礼物？”邓肯闻言立即起立，一板一眼地说：“世上没有圣诞老人，这是假的，我不要。”老师听后非常气愤，但是还是克制住情绪，僵硬地回答：“圣诞老人为相信他的乖女孩准备了糖果。”“我才不稀罕糖果！”邓肯扭头回绝。老师再也按捺不住心中的怒火，惩罚邓肯坐到一边。邓肯心中委屈，她不明白自己只是说出自己的想法，拒绝接受礼物，究竟错在何处？

小邓肯说出所思所想，并无错处，但不假思索地表达必然会影响到听者。刚者易折，柔则长存。毫无顾忌地直接拒绝，伤人且损己。中国有句古语：“不观其言，只观其何以言。”不管说出口的话是什么，怎么说才是最重要的。

如何用温和的话语表达出坚定的拒绝呢？其实，成功的拒绝做到这两点即可，一是告知对方对于此事的无能为力；二是让对方顺利地接受这一结果。

在拒绝他人时，要态度坚定而非强硬，将拒绝的意思礼貌而明确地表达出来即可。话语出口让人如沐春风，做到对事不对人，避免拒绝本身带来的尴尬，减少对方的挫败感。礼貌地说声“抱歉”，无奈地一笑表明歉意；多用积极的词汇，放缓语速等都是好方法，就是要在这样淡然的态度中传达出清晰有力的拒绝。

20 世纪 50 年代，印度总理尼赫鲁访华，周恩来总理陪同他参观云居寺，印度总理被千年前的刊刻和鸿篇巨制所震撼，他向周总理表达自己的心愿：在印度很多佛经已经失传了，他愿意用等重量的黄金换取等重量的石经。周总理婉言拒绝表示黄金有价，石经无价。

周总理用黄金和国宝的价值作对比，强调二者不可同日而语，言之有理令人信服。他微笑着，彰显出温和而大气的国家领导人气质，传递出的信息却是坚定而不容反驳的。

三毛说：“不要害怕拒绝别人，如果自己的理由正当。当一个人开口提要求的时候，他的心里根本预备好了两种答案。所以，给他任何一个其中的答案，都是意料之中的。”

拒绝，并不难。对方提出请求，就必会做好可能被拒绝的心理准备。拒绝的话语预出口，首要的就是立场坚定；然后再温和地传达出自己的想法，让对方知难而退。

著名的铁面无私的清官包拯在过六十大寿时，宣称坚决不收取礼金。可谁想到，第一个送礼的竟然是皇帝——宋仁宗。太监手持礼盒，盒上红纸上写道："德高望重一品卿，日夜操劳似魏徵。今日皇上把礼送，拒礼门外礼不通。"包拯看后，提笔回道："铁面无私丹心忠，做官最忌念叨功。操劳本是分内事，拒礼为开廉洁风。"

包拯为官一生清正廉洁，宣布生日不收寿礼，可皇帝竟然成了第一个送礼之人，并赋诗直言："把寿礼拒之门外，于礼不合。"包拯若直接拒收，就是对皇帝不敬；而收下寿礼就无异于空谈，破了廉洁之风。打定主意不收礼的包拯，通过答诗一首，表达出自己绝不动摇的忠君廉洁的为官理念，其语直而婉，雍容不迫，而拒之已深。字字句句清晰地向皇帝说明了自己拒收的理由。试问哪个皇帝会不喜欢忠君的人呢？自然，被拒绝的人也是深受感动，心情愉悦。

人不论处于何种境况，都要学会坚定地拒绝。古语有言："富贵不能淫，威武不能屈。"违反道德的事，不为；触犯法律的事，不为；力不能及之事，不为。

人生处处有抉择，答案并非简单的"是"与"否"可概括。作风正派的柳下惠坐怀不乱；不贪财的子罕不收人宝玉；千仞无枝的孟子不为万钟折腰，这些品性高洁之人在面临诱惑，都是毋须思考，毫不犹豫地选择拒绝。

拒绝他人没有错，但要掌握拒绝的力度。若温和有余、坚定不足，就会没有底线，逐渐演变为纵容。斗米恩升米仇，无形当中给了他人得寸进尺的机会。坚定过剩、温和少有，就会看起来盛气凌人，长此以往他人不理解其中缘由，只看到了作风强硬、不近人情的一面，心寒也是理所应当。风水轮流转，当你有求于人时，得到的只能是他人的袖手旁观，甚至是拍手称快。因此，拒绝时，不仅要注意态度，还要讲清拒绝缘由，避免双方之间产生芥蒂。

如果是不好开口的话，可以用另一种方式表述，彼此心领神会便可。钱锺书去世后，杨绛女士拒绝暗恋她的费孝通的追求时，就在送他离开楼梯口时说道："楼梯不好走，你以后也不要'知难而上'了。"此言一出，虽然话语温和，似是关切，实则态度坚定，拒绝的意思十分明确，对方心领神会，也就知道其暗喻了。

拒绝本就无法避免，直面突破并不是难事，态度理性而不偏激，言语温和而带有锋芒，对方自然心悦诚服。

第 9 章

人情练达：处理问题巧用软劲

但丁曾说：“语言作为工具，对于我们之重要，正如骏马对骑士的重要。”有些事情虽然会让我们着急上火，但是如果直来直去地沟通，必然只会起反作用。相反地，适当地用一些“软语”反而能够促进事情顺利解决。

第一节 01 虚实结合：善意的谎言让事情更圆满

著名思想家卢梭曾说过："我从没有说谎的兴趣，可是，我常常不得不羞愧地说些谎话，有时会说善意的谎言使自己从不同的困境中解脱出来；有时为了维持交谈，我迟钝的思维，干枯的话题迫使我虚构一些事情以便有话可说。"很多时候，只有谎言能够将当前的尴尬、难以解决的问题圆满解决，这样的谎言是出于善意的角度，更具有人情味。仔细观察发现，人际交往中确实需要很多善意的谎言。

从小我们就读过《狼来了》的故事，也因此明白了做人需要诚实的道理。但随着我们一点点长大，发现现实社会与人交往更需要一些善意的谎言，它能让生活更有情趣、更具人情，让人与人的关系更加亲近、和谐。在不同的情境下，谎言有着不同的应用。

玩笑的谎言

萧伯纳曾经说过：“我开玩笑的方法，就是编造真实。编造真实乃是这个世界最有情趣的玩笑。”对方犯了错误，己方可以使用调侃的方式，故意缩小对方的错误。比如，别人不小心将咖啡洒到了你刚买的昂贵的衣服上，可以一句“没关系，别在意，刚好我嫌弃它太素净了呢！”或是用夸张的对比消除对方的心理内疚感。再比如，别人将事件中产生的意外情况归咎为自己的错误，你可以说一句：“这事就是个海啸啊，搅得大家都晕头转向，你可别以为你能当上帝，呼风唤雨搞出这么大问题，你还没那么厉害！”这样的谎言，通常带着幽默感，让人放松心情，既给对方留有颜面，又带着活跃气氛的效果。不过，这种谎言虽然能减轻他人的心理负担，但也需要自己做出一定的牺牲。

社交的谎言

社交谎言是我们在生活中必不可少的一种谎言，也就是所谓的“客套话”。这样的话虽然不够真实，却能传达出一种真实的态度，看似矛盾，实则只是侧重情感的表达。比如，对方买了一件新衣服，显然非常满意，但还是询问了自己穿着是否合适。我们不希望惹对方不开心，可能内心觉得并不适合，却还是连连夸赞；还有一种是为了顾忌对方情感而说的谎言。比如，接待朋友家的孩子，明明孩子淘气，已经让人不胜其烦，还要违心地说："孩子活泼点挺可爱的，这个年纪的孩子就应该多玩耍。"

除此之外，在社交场合，经常需要一些适当的奉承之言，它能够让自卑的人树立自信；让困境中的人振作起来；让对方感到他人对自己的重视，这对于人际交往而言尤为重要。比如，"换发型了？很适合你呀！""好久不见了，怎么还是那么年轻！""最近不见，你瘦了啊！"等。尽管我们此时并不是想说这方面的内容，但为了表示亲近，拉近双方的距离，还是需要这些话语来调节气氛的。这种奉承之言使用频率较高，甚至可以说是社交中的礼貌，与我们的人际交往生活融为一体。

林语堂先生曾经针对"谎言"这个问题发表过自己的看法："我一直苦苦思索，什么是中国人的教养？于是发现以下三点：一、说谎；二、具有像绅士一样说谎的能力；三、以幽默感理解自己心境的平静，并且对地球上的任何事物都不过于热衷。"林语堂先生是一位说话技巧高超的作家，他认为懂得如何说谎的人，是有教养的。适当的谎言，能够显示出个人的教养，说自己从不说谎的人，一定不是个在交际中擅长为他人考虑的人。有时候，遇到问题我们要追究的不是谁的责任、谁错或谁对，很多问题也不是分清楚对错、真假就可以的。人际交往更复杂，我们唯一需要辨别的就是善与恶。正所谓“一念天堂，一念地狱”，说了善意的谎言，彼此都仿若置身天堂；说了恶意的谎言，将被谎言折磨，在地狱中挣扎。

道歉的谎言

很多时候，我们需要为意外情况下犯的错误寻找一个他人能够接受的理由。虽然事情已经发生，但是如果坦然相告，对方定然会觉得难以接受，从而导致其不快，甚至就此绝交。这样的谎言虽然不免有推卸责任的嫌疑，但是我们要在内心中树立起“说谎”之后，怀着愧疚之心去积极地解决后续问题的意识。比如，约了客户谈生意，因为早起的闹铃没有响，所以迟到了，如果照实际情况回答，对方定然不满，还可能会被认为为人马虎，甚至会不信任你能成为一名成功的生意伙伴；反之，回答：“路上特别堵车，快到地方时跑步过来了，不好意思。”对方会适当谅解，觉得虽然你迟到，但还是非常重视自己的。

体贴的谎言

在同一个环境下生活或者工作，出于善意的角度，如果他人遇到困难或者麻烦，那么我们都可以在无伤大雅的情况下，为对方打个掩护，这形同于救人于水火。比如，同事临时离开工作岗位，我们不知他出去做什么，但肯定的是他就在公司，一会儿就回来，恰逢领导找他谈论工作，问他怎么不在岗，可以适当找个理由“他去厕所了”“他不太舒服，一会儿就回来”等。待他回来，双方心照不宣，他内心是感激你的。你既帮助了同事，又没有得罪领导。

除此之外，很多时候我们必须使用善意的谎言来解决问题。比如，医生面对病重的患者，就会先选择性地隐瞒一些情况，再将真实的病情透露给家属，更多的是给病人康复的希望。

一架运输机因在沙漠里遇到沙尘暴而迫降，但飞机已经严重损毁，无法恢复起飞，通信设备也损坏了，彻底中断了与外界的联络。9 名乘客和 1 名飞机驾驶员陷于绝望之中，求生的本能使他们为争夺有限的干粮和水而闹得不可开交。

紧急关头，一个临时搭乘飞机的乘客站了出来说：“大家不要惊慌，我是飞机设计师，只要大家齐心协力听我指挥，就能够修好飞机。”这好比一针强心剂，稳定了大家的情绪，他们自觉地节省水和干粮。一切井然有序，大家团结起来和风沙困难做斗争。

十几天过去了，飞机并没有修好；但有一队往返于沙漠中的商人骆驼队经过那里，搭救了他们。几天后，人们才发现，那个临时乘客根本就不是什么飞机设计师，他是一个对飞机一无所知的小学教师。有人明白真相后就骂他是个骗子，愤怒地责问他：“大家命都快保不住了，你居然还忍心欺骗我们？”他真诚地对大家说：“如果当时不欺骗各位，可能如今我们已经死在沙漠里了。”

体贴的谎言虽然无力改变事实情况，但在生死关头，这样的处理方式显然更具温情。这位教师为了稳定人们的情绪，给了他们生存的希望。此时，任何语言都是苍白无力的，道理大家都懂，可是死亡这样残酷的事实摆在眼前，人性的弱点就会暴露无遗，任何话语都是空谈。在没有选择的情况下，谎言化解了危机，如此才有了之后的成功求生。

善意的谎言是一种表达情感的方式，它让人与人的相处更融洽、和谐，人际交往需要谎言，也离不开谎言。它让本来没有选择的问题，有了新的解决方式，巧妙避免冲突，同时切实解决了问题。

第二节 02 心照不宣：坏话好说不恼人

学会坏话好说，就等于为生活减少了很多麻烦。同样的内容、同样的文字，只因表达次序不同，或是说明方法不一样，所流露的内涵与信息就迥然相异。掌握了坏话好说的诀窍，即使是再棘手的两难情况，也能应付自如、如鱼得水。

在与人交往中，双方都希望彼此是真诚的，也就是希望彼此能够坦诚相待。但实际上，实话实说往往非常伤人。在一些场合、语言情境中，需要给双方都留有余地，对方的面子也需要顾忌。因此，在必须说实话的时候，应该用巧妙的方式表达，既不失和气，又使沟通更加顺畅。

两相比对，客观表达

相传江南有个年轻人进京赶考。有一次，他在京城闲逛时，发现一个人在摆画摊，便颇有兴趣地上前观看，但画的水准实在不高，正准备离去。此时，画摊的主人叫住他，饶有兴趣地问他：“你看我这画能值多少银子？”他摇摇头，毫不客气地说道：“这位摊主，恕我直言，你这幅画最多只值一两银子。”卖画的人听了，似乎十分生气，但并没有与他争论。

过了几年，这位年轻人参加了由皇帝亲自主持的殿试。到了朝堂之上，年轻人惊讶地看到坐在龙椅上的人，正是昔日在京城摆摊卖画的人，而且自己对他的画只报出了一两银子的价格。皇帝也认出了他来，旧事重提道：“我将这幅画赐给你，现在，你还觉得当初的画只值一两银子吗？”年轻人听了这话后，当即跪下，镇定自若地说道：“若这幅画是陛下赐给臣的，那它自然是无价之宝，可若是在京城大街上贩卖，臣依然会给出一两银子的价格。”皇帝听了，顿时笑了，对他的话也不在意，反而觉得这是个正直守节的好臣子。

皇帝此幅画作，确实没有达到超过市场价格的标准，但是皇帝位高权重，如此直言确实不妥。实话说出来只会平白招来祸患，但是改变之前的说法，又属于畏惧权势的小人之行，如此想来，巧妙说出真实想法才是摆脱当前两难局面的最好方式。

遇到这样的两难问题，我们可以在不违背本心的情况下适时改变说话方式，以此赢得对方的认可和赞同。坏话好说，讲求的就是说话方式，有时候看似风马牛不相及的两件事，实则道理相同，放到一起来说，两相比对之下，让对方懂得自己的意思，主要作用在于暗示，如此反而会起到令人惊喜的效果。

题外暗示，婉转表达

林肯当总统期间，有人向他引荐一个人担任内阁成员，不过林肯早就了解到该人品行不好，因此一直没有同意。一次，朋友生气地问他："怎么到现在还没结果？"林肯回复道："我不喜欢他那副'长相'！"朋友不解，连忙追问："什么？那你也未免太严厉了，长相是父母给的，也怨不得他呀！"林肯认真地摇摇头，说道："不，一个人超过40岁就应该对他那副'长相'负责了。"朋友瞬间就听明白了他的题外话，再没有问过这一问题，两人也没有因此产生矛盾。**林肯虽然是严厉地拒绝，但是却没有用严厉的话说明，巧妙地通过题外话将自己的意思传达给了朋友，在达到自己目的的同时，还避免了与朋友之间的摩擦。**

朋友之间，其实最忌讳一人找另一人办事，但对方却不予理会，这会让双方感情产生巨大裂痕。林肯无法答应朋友的请求，但直接拒绝又难免让人心寒，彼此造成误会就得不偿失了，因此，使用侧面暗示的方法委婉地告知朋友，此人不可用，既给朋友保留了颜面，又顺利达成了目的，一举两得。

为人应该以诚信为本，尤其是在社交中，双方需要免去一些虚伪的行为。但在特殊的时刻，比如拒绝友人或是必须要表明态度但不易措辞时，就可以委婉地表示自己的意见，既不应该信口开河，胡诌一通，也不能不加思考直接说出口，只需要将真实的想法传达给对方即可。

侧面提醒，善意表达

面对他人的不良行为，想提醒对方但话说出口定会得罪人，此时就需要有技巧地沟通。若是双方因此产生矛盾，只能说明你还没有掌握坏话好说的技巧。比如，有人就是喜欢插队，这是一种没有公德心、不讲礼貌的行为，如何提醒成了一件难办的事。直言肯定损害双方感情，可是不说又心中过意不去。在这种情况下，可以巧妙避开说个人，而是从整个社会现象说起："这里人们的素质非常高，可以看到街上不论哪一个摊位，只要是需要排队的都秩序井然，我们真的应该跟他们学习。"这样说，好似只是对社会现象的感叹，实际对方也能明白你的意图。

有一次居里夫人过生日，丈夫皮埃尔用一年的积蓄买了一件名贵的大衣作为生日礼物送给爱妻。当她看到丈夫手中的大衣时，却没有丈夫想象中的那么开心，实际上她心中爱怨交集，她既感激丈夫对自己的爱，又怨他不该买这样贵重的礼物，因为那时试验正缺钱。

于是，她婉言道："亲爱的，谢谢你！谢谢你！这件大衣确实是谁见了都会喜爱的。但是我要说，幸福是来自内在的。比如说，你送我一束鲜花祝贺生日，对我们来说就好得多。只要我们永远一起生活、战斗，这比你送我任何贵重礼物都要珍贵。"这一席话使丈夫认识到花那么多钱买礼物的行为确实欠妥当。

居里夫人如果直接埋怨丈夫乱花钱，就会让一件好事变成坏事，对方在这样的责备中感到挫败和受伤；反之，居里夫人聪明地隐藏了真实的想法，换了一种方式表达。丈夫买贵重礼物是为了让妻子高兴，初衷是好的。在这样的情境下，向丈夫表达出爱意，才是增进双方感情的正确方式。坏话好说，得到的结果也是好的，这也让丈夫认识到了自己的错误。

由此可见，对待身边亲近的人，务必要注意措辞。除此之外，还要注意说话的场合。在公共场合指责对方会给双方感情带来无法磨灭的伤害。比如，很多家长认为，自己的孩子还小，因此经常在孩子面前与外人说："哎，孩子特别不懂事！"或是说："你家孩子知道自己学习，我家孩子总是偷懒，从来不知道上进。"有时，或许这只是逢场应酬、交际上的客套、恭维话。但是，孩子是敏感的，实际上他们会觉得是父母在外人面前表示对自己的不满。因此，对待最亲的人，需要让对方理解你的真心，不给双方造成误会的机会。

作家冯骥才在美国访问时，一个美国朋友带儿子去看望他。正在二人谈论事情时，那孩子爬上冯老有些摇晃的床铺，站在上面拼命蹦跳。冯老先生已经明显被吵得头痛，却还是微笑着说道："请您的孩子到地球上来吧。"那位朋友没有对孩子进行指责，而是顺着冯老的思路，同样不失幽默地回答道："好，我和孩子商量商量！"双方的谈话氛围在之后依旧是融洽而愉快的。

如果直接叫朋友管教孩子，必定会破坏当前的谈话氛围，这样侧面的提醒，不仅让对方瞬间明白了自己的意思，更适时地增加了谈话的幽默感。让人不禁感叹，正面说也是说，侧面说也是说，同样的意思竟然能有如此变化。当真是话语的魅力，妙不可言。

第三节 03 暗藏玄机：利用好语言的暗示效应

心理学认为，人们普遍存在无意识情况下偏向维护自己的“自主”地位，不太能接受他人的意见或是控制。这是正常人都有的心理，属于普遍现象，就这一方面而言，遇到问题，暗示要比明示更快地被对方接受。

暗示效应是指在无对抗的条件下，用含蓄、抽象、诱导的间接方法对人们的心理和行为产生影响，从而诱导人们按照一定的方式去行动或接受一定的意见，使其思想、行为与暗示者期望的目标相符合。

俄罗斯心理学家巴甫洛夫曾针对暗示效应发表过意见：“暗示

是人类最简化、最典型的条件反射。”但不可否认的是，在现实中，暗示的使用更为复杂，尤其是语言暗示。用于积极方面，它就是获得成功的锦囊妙计；用于消极方面，它就是压死骆驼的最后一根稻草。我们在使用语言暗示的过程中，必须要准确把握暗示的意义和影响力。

古代，有一个秀才寒窗苦读十载，进京赶考的时候，住在一间出过很多状元的客栈。一天晚上他连续做了两个梦，第一个梦的内容是他扛着锄头在墙上种白菜；第二个梦的内容是自己在大雨中戴着斗笠还披着蓑衣。秀才觉得很奇怪，于是他就去附近的庙里找一位大师给他解梦。大师听完他的描述后连连摇头说不好了，秀才问为什么，大师就把他的见解娓娓道来：“第一个梦，你在墙上种白菜，那不是白种吗？第二个梦，你戴着斗笠还披蓑衣，那不是多此一举吗？所以说啊，我劝你还是别参加考试了。”

秀才听完后觉得很有道理，就决定放弃考试，准备明年再来。在客栈退房的时候，客栈老板觉得很奇怪，这小伙书读得不错啊，怎么还没到考试的时候就要回家去呢？于是他就问秀才：“你怎么不考试了？”秀才见老板平时对他挺照顾的，就把事情的经过跟他说了。老板听完，连连摇头说：“你真是糊涂！明明是好兆头嘛，怎么会是白种、多此一举呢？”秀才问：“此话怎讲？”老板说：“你在墙上种白菜，那不是高中吗？你戴着斗笠还披蓑衣，那不是有备无患吗？”秀才听完恍然大悟，决定留下来参加考试。

结果，秀才真的高中状元。

秀才在得到不同的语言暗示之后，就做出了两种截然不同的选择。本来要考试的秀才因为不可能高中的语言暗示，就此要放弃考试，我们身为旁观者听起来可能感到荒谬，但实际上当事人的情绪波动却非常大，对这一暗示已经深信不疑，因此做出这样失去理智、甚至看起来不靠谱的决定乃是情理之中。由此可见，言语暗示的作用有多么重要，它会影响人们的心情、思想，从而改变人们的行动。

观念同化的语言暗示

从学术角度而言，言语暗示是一种观念上的同化反应，它是指在无对抗的条件下，用委婉的、不做任何论证的方式对人的态度和观念产生影响，使人自然地接受一些信息或按照一定的方式去行动。言语暗示主要利用语言的主观性，给出一个假设情景，不一定要有根据，但人们的心理趋向会认定它的存在。比如，销售行业的人就懂得利用语言暗示，在卖东西时不会一味劝说他人购买，而是竭尽全力夸赞商品的外观、性能和质量，用语言向对方灌输这个东西特别好的观念，让顾客自己认同它，然后掏钱购买。

这种暗示方法，是通过对某种事物的描述，在人们心中形成一种观念，比建议和劝谏更有效果。它让己方占据了主动，只要遵循一定的规律，使用暗示的技巧，就可以收到良好的效果，这也要求我们能够精准地把握他人的心态。

满足期待的语言暗示

有些时候，人不愿意做某件事，或是临时放弃一些坚持的事情，就是因为没有一个必胜的信念或坚定的目标。适时给其语言暗示，能帮助对方找到自己前进的方向。

成语“望梅止渴”就能够充分说明这一点。东汉末年，曹操带兵打仗，在行军的路上遇到了很大的困难，方圆百里没有水源，将士们都干渴难忍，有的体弱的士兵甚至干渴得晕倒了。曹操看到这样的情形觉得非常难办。于是，曹操就疾步登上前面的山头，查看前方的状况。当登上山头的时候，曹操失望了，放眼望去，依然没有人烟和水源。不过，曹操灵机一动想到了办法。他回过头，对正处于干渴中的将士说：“将士们，翻过前面的那座山，就有吃不完的梅子了。”将士们一听到说有梅子，想起梅子那酸甜的味道，都不由得流出了口水。于是，士兵们突然都有了力气，奋力前进。

这个故事非常耐人寻味，暂且不论曹操此行是否正确，以及梅子味酸，想到能流口水暂缓口渴的问题，单从策略上而言，不能否认这种“划定目标”的语言暗示，恰好满足了将士们的期待，也极其符合当前对方的需求，达到了自己的目的，也解决了当前将士们意志消沉、无法行军的问题。在运用某一种暗示时，要注意找准对方的需求，对方需要什么、迫切想获得什么，就要在暗示中给予什么，这是此谋略的根本所在，也就是我们常说的“画大饼”策略。

抛开案例，从现实生活角度分析，许多人遇事踌躇、面对问题迟迟不能做决定，就是因为在其内心，没有获得成功的必胜心。对方不相信自己可以成功，因为没有事实佐证，一切都是猜测，心中有不安。我们要做的就是用言语暗示对方可以做到，这件事注定会成功，让对方有解决问题的欲望和信心。与人交往，遇到问题，巧妙使用这种“满足他人欲望”的语言暗示方法，能够快速达到解决问题的目的。

列举可能性的语言暗示

列举可能性是针对一件事情的发展给出不同的分析，重点在于有理有据，说出自己的想法，正好影射对方心中所想之事，让对方做出与己方见解相同的决定。

贾诩是曹操非常看重的一位谋士，一次曹操特意屏退左右，向他请教立继承人一事。贾诩面露难色，踌躇不答，曹操问他：“为何你知而不答？”贾诩说：“我正在想事情，所以没有立即回答主公的问话。”曹操便漫不经心地问道：“你想什么呢？”贾诩说：“我在想袁本初、刘景升父子。”袁绍和刘表正是因为废长而立幼，使得在他们去世后，他们的儿子们兄弟阋墙，霸业成流水。贾诩实际上并没有说自己支持谁，这样无疑会引来曹操猜忌，同时也不能不回答问题，如此也会令曹操起疑。由此，便暗示曹操，提醒他如果废长立幼，可能会出现什么样的情况，剩下的由曹操自己决定，不对此事多作置喙。而曹操也收到了他的暗示，仔细思考之后，决定立曹丕继承霸业。

列举也可以看作是一种情景模拟的对比。正所谓“前车之鉴，后事之师”，就是将可能发生的后果列举出来，暗示对方自己去思考和想象，方法虽然简单、易于操作，但也要看对方能否领悟。因此，使用列举可能性的方法进行语言暗示，必须要根据对方的资质和领悟能力灵活变通，聪慧者，隐晦暗示；愚钝者，条理顺畅地剖析暗示。

综合而论，暗示是一种隐秘而有难度的说话技巧，对于解决棘手问题而言效果卓然，甚至在有求于人、劝谏于人时，都可使用这种暗示的方法。充分发挥出用语言暗示的威力，就能将主动权牢牢把握在自己手中，于无声无息之间潜入对方的思维里，最后让对方跟随自己的想法思考，从而圆满解决问题。

第四节 04 滴水不漏：赞美和恭维要严谨细致

提到恭维和赞美，人们脑海中首先浮现的想法就是，恭维者就是马屁精，惯会巧言令色；赞美者就是正人君子，有容人之心。实则不然。恭维和赞美都是我们在日常人际交往中必不可少的技能。恭维行为会和人们心中的马屁精画等号，这是因为使用者没有掌握好恭维的方式方法。

赞美和恭维要恰到好处，分量适宜

恭维要拿捏好度，用真诚和善意作基础，恭敬严谨的态度为辅助，这样的恭维更易于众人接受，而过度恭维就属于献媚之行了，既惹人厌恶，又无法解决问题，最后反倒落得一身谄媚名声。

从人性的角度分析可以发现，人总是喜欢听好话的。即使明知对方讲的是奉承话，心中还是免不了会沾沾自喜，这是人性的弱点。古代帝王掌握至高权力，依旧不能免俗，何况作为普通人的我们。

但不容忽视的是，孔老夫子说："巧言令色鲜矣仁。"巧言令色者，缺少一些仁义道德。荀子曰："谄媚者，吾贼也！"谗言献媚的人，恨不得避而远之。智者，都提防恭维过度之人，他们不愿与之为伍。过度的恭维和赞美只能让君子产生反感，又怎能帮助你解决问题呢？因此，我们要学会把握使用恭维和赞美的方法与火候，利用它解决问题，而非制造问题。

适当的赞美和恭维，是一种风度的体现，更是一种礼貌性的讨好。试想，如果对方情绪不佳，我们很难将事情平息，那么就需要使用恭维和赞美让对方感到心情舒畅。这类话语一般都是带着友好的信息，因为这样做的初衷是希望对方心情好，所以话语的"甜度"适中，并不会带着急于求成的迫切感。比如解决问题需要请求他人帮忙，并在对方心中留下一个不卑不亢的好印象，赞美和恭维就可以从较为"浅显"的特点着手，比如对方的样貌、举止。

遇到长辈，可以使用精神爽朗、德高望重等词；见到女士，可以使用举止优雅、善解人意等词修饰；会面职场人士，可以使用年轻有为、进退有度等词来形容……

所有人，心中都有一个不可接受的界限，不能越过界限地夸赞和恭维，这会让人感到虚伪，反倒坏了事；更不能废话连篇，一味恭维赞美不停，半天说不到点子上，这就使沟通的价值消失，白白浪费了时间。

赞美和恭维要投其所好

在处理问题的过程中，投其所好的赞美和恭维能够让对方放松警惕，从而更加配合你。投其所好的核心就是“走心”，组织语言时，不需要过度小心，抓准对方的心理即可。态度上多赞同、少反驳，体现出你的个人修养，同时做到不卑不亢，将身份放低为一个学习者，保持恭敬的态度，这能增加你恭维和赞美的价值。

清代才子袁枚二十多岁被外放去当县令。在赴任之前，他去向老师——乾隆时期的名臣尹文端辞行。临走前，尹文端问他：“年纪轻轻就做了县令，你有着怎样的准备？”袁枚坦然道：“什么都没有，就是准备了一百顶高帽子。”尹文端是非常有风骨之人，最反对随便恭维人，因此立即批评袁枚不该搞这一套。但袁枚却说：“朝廷上下人人都喜欢恭维，有几个像老师这样不喜欢人家恭维的呢？”尹文端听了，十分认同，高兴得连连点头，觉得袁枚确实讲得很有道理。于是便让他离开了。当袁枚从老师家出来，朋友问他老师态度如何时，袁枚笑笑说："高帽子已经送出一顶。"

谁不喜欢他人的夸赞呢？袁枚了解自己的老师，因此投其所好，在无声无息中，恭维了尹文端。对方竟然没有反应过来，甚至明明不喜恭维之行，还接受了学生的观点，就此可以看出高境界的恭维，跟赞美无异，不露痕迹，让人听后毫无察觉，使对方在无形中降低了自己的要求。本来，尹文端可能因为袁枚的思想与自己相左，而就此疏远，但是却因为这句无形中效果卓然的赞美，他们在日后职场中见面仍然会是好师徒。

由此可见，在不想说却必须说恭维之词时，要选择对方喜爱听到的内容，并且选择的内容要符合事实。这样一来，恭维也可以披上赞美的外衣，在解决问题上，发挥卓然的效果。

赞美和恭维要有理有据，让人信服

歌德说过一句话："最真诚的慷慨就是赞赏。赞美最重要的是要有根据，有了根据，赞美者显得更真诚，被赞美者也会更开心。"人都有羞耻之心，过度赞美和恭维，会让人感到负担，对方自觉担不起这样的夸赞，反倒觉得尴尬。失去了事实根据的话语，也自然流失了美感。对方意识到所言非实，就会失去倾听的兴趣，甚至觉得难堪。目的性过强、充满虚伪、敷衍的"迷魂药"

是不会迷晕对方的，将捏造的夸张事实，强行安在别人身上，只会让双方关系变得僵硬。

那么，如何让你的恭维、赞美之词在贴近事实的同时还让他人感到被夸赞？

第一点，可以将赞美和恭维的内容聚焦在对方所拥有的品质上，或是已经取得的成就上，在此基础上适当夸大，并且融入己方的真情实感。此时，对方一定已经信服，相信你是真诚地认为他的某方面非常优秀，他在欣然接受的同时，也会表示谦虚。

第二点，增加恭维、赞美内容的论据，列举出详细的事实作为佐证，让整个话语内容更加丰满，同时展现出对对方的了解和关注。比如，遇到一位德高望重的文学家，除了夸赞他的文学作品之外，还要讲出他一些辛苦写作的事迹，标榜他为学习榜样，让其切实感受到你对他的了解与崇拜。

第三点，用提问的方式表示赞美和恭维。这种方式适合有风骨、有傲气的谦虚之人，他们不太能够接受别人对自己的恭维，讨厌虚伪和客套的话语。但是，他们不会拒绝帮助还处于迷茫或在前进道路上的人。因此，我们可以从这一点入手，向对方表示赞美和恭维。比如，一位科学家历经数年研究出了举世闻名的成果，备受太多称赞，他自然就会想要回归安静的科研环境。我们在恭维对方时，可以提问："您虽然非常有能力，又甘于寂寞，在科研的道路上不懈努力，但肯定也有遇到困难的时候，您是怎样解决的？我现在时常感到迷茫，没有如您那样坚定的意志，一时不知如何是好。”这样说，对方不会产生被恭维的反感，反而自动代入了你所给的身份——一位历经辛苦才获得成功的学者。

面对层次越高的人，越要将恭维和赞美的话说得委婉、谨慎，因为到达了那个位置的人从来不缺少鲜花和掌声，他们不会被简单的几句“糖衣炮弹”所迷惑，巧妙讨好对方的方法就是要实事求是。如果功夫不到家，就不要随便开口，以防话没说对，还得罪于人，徒增笑谈。

法国著名大文豪大仲马在一次外出考察的时候，来到了法国最大的一家书店，此行就是为了了解一下自己的书的销售情况。书店的经理在得到这个消息之后，决定用一个行动来向大仲马示好——他命令店员将书架上所有的作品都换成大仲马的。

当大仲马走进这家书店之后，经理便满脸堆笑地迎上前去。大仲马惊奇地发现书店里摆的都是他的书，而没有看到其他作家的作品，于是他就问经理：“其他的书都到哪里去了？”经理回答：“您说别的书啊，那些都已经卖光了。”

经理本想全换成大仲马的书籍，表示重视大仲马的作品，初衷是讨好这位作家，但没说好话反而弄巧成拙，大仲马只是看看读者是否喜欢自己的作品，心想如果这书卖得好，肯定抢购一空，哪里还能剩这么多呢？

赞美和恭维如果使用得好，会成为你维护人脉的好手段；如果没有运用好，它只能是一个令人讨厌的溜须拍马的招式。在语言的选择上，要细致而用心，恰当而得体，不脱离事实的基础，在大型社交场合，巧妙的赞美和恭维会取得更好的效果。

第五节

05 苦中作乐：乐观面对万事轻松

高尔基曾经说过："不要慨叹生活的痛苦！慨叹是弱者。"积极的语言看似柔和，但却深深蕴藏着化解阴郁、烦恼的力量，它能扫去人际交往中的阴霾，缓和矛盾。

所谓乐观，就是为人处世怀有积极向上的人生态度。但乐观情绪的培养已经是老生常谈。我们不说面对挫折要如何乐观坚强、奋斗不屈，道理谁都懂，说来无趣；我们来说说与他人交往中，遇到问题应该如何利用乐观的方式化解。

消除生活小摩擦，微笑巧面对

在生活中，摩擦不可避免，被抢车位、被领导批评，很多时候我们无法预知这些摩擦的出现，但微笑能够化干戈为玉帛，不只是和对方和解，也是和自己、和生活和解。

民间流传着这样一个故事，足以证明微笑的魅力。一位冶金行业的老板去拜谒一位禅师，他问："我兢兢业业，吃苦耐劳，用最好的人才，聘请最优秀的CEO，拿出收入的一半给员工发工资，为什么我的事业还是做不大呢？"听了老板的话，禅师也学着老板的腔调，眉头紧锁，一脸木然地把问题的皮球推给老板："是啊，为什么呢？"老板一脸痛苦状，哭笑不得地说："禅师，都这时候了，你就别再捉弄我了。"禅师两眼圆睁，一脸铁青，表情僵滞地说："我捉弄你了吗？"老板慌忙回答："你还说没有，你看看你的表情，都拧巴成什么样子了，还说没有捉弄我啊？"禅师爽朗大笑，然后从背后的书架上取出一面铜镜递给老板说："我不是在捉弄你，我是在学你啊！"老板对镜一照，立即捶胸顿足，原来禅师刚才的表情，和自己现在的表情一模一样。

禅师开示道："心头压着冰川的人，脸上始终盖着冰，任何人都会拒你于千里之外；然而，心里装着炉火的人，所有的块垒扔进来，也都会冶炼成明晃晃的真金！"老板恍然大悟，原来禅师是在批评自己待人处世的方式和风格啊！

老板回到公司以后，迅速给自己的团队定了这样一条企业管理格言："一个优秀的人，他的脸上始终在用微笑冶炼着金子！"**自此，他开始以乐观的态度对待工作和下属，员工的积极性也在老板改变后获得了很大的提高，乐观地面对困难、乐观地解决问题，使得这位老板的事业逐渐走向了巅峰。**

苏格拉底有句名言："在这个世界上，除了阳光、空气、水和笑容，我们还需要什么呢？"是啊，微笑是人类最美的表情，不需要刻意地学习，这是上帝赋予人类的一个宝贵的礼物。微笑能让我们的魅力直线上升，获取他人的好感，微笑能够反映出你积极的精神状态，能够为你带来诸多好处。善于微笑的人总是人群中最快融入的那一个，并且，正能量能互相影响，快乐需要传递，你总是为身边的人带来欢乐，自然就招人喜爱。即使与他人出现一点小矛盾，也能用微笑抚平对方的怒火或怨气，在矛盾中为你增加无形的保护。

有人会有疑问："别人生气，你还笑嘻嘻，多讨人厌？"我们以微笑化解矛盾，主要就是掌握人际交往中"伸手不打笑脸人"的原则，也就是说，面对他人的愤怒或不满，要接受，以温和的态度应对，平息事端。

化解社交小矛盾，态度掌握好

生活中，很多人有这样的问题——自己与朋友相处，付出良多，对方却不怎么投入。于是就在不断地斤斤计较中，越来越烦躁，然后开始疏离对方，希望其赶快来示好，可是对方一头雾水，莫名其妙就好像被你嫌弃。如此，双方距离逐渐拉大，感情也因为这点小计较，产生了裂痕，甚至彼此误会。本来只是个小摩擦，朋友之间，有什么要求或想法，其实不必顾虑太多，直接提出来解决就可以，乐观地看待这个问题，凡事往积极的方面想，采取更正面的解决方式，说不定结果就不一样了。除了面对朋友之外，跟同事、陌生人接触时，也要展现出自己积极的一面。

具体而言，保持一个轻松的态度，会让事情变得更加简单。有时候，事情本身的矛盾点并非不可调和，只不过因为态度的问题，激化了双方的矛盾。我们从接下来这个故事中，就可看出一个人的语调变化能够起到的作用。

在波兰有位明星，人们都称她为摩契斯卡夫人。一次她到美国演出时，有位观众请求她用波兰语讲台词。于是她站起来，开始用流畅的波兰语念出台词。观众们虽然不了解她台词中的意义，却觉得听起来令人非常愉悦。摩契斯卡夫人接着往下念，随后语调渐渐转为低沉，最后在慷慨激昂、悲伤万分时戛然而止。台下的观众鸦雀无声，同她一起沉浸在悲伤之中。

而这时台下传来个男人的笑声，他就是摩契斯卡夫人的丈夫——波兰的摩契斯卡伯爵，他之所以笑，是因为他听懂了，刚刚他的夫人用波兰语说的内容竟然是九九乘法表！**摩契斯卡夫人讲话的内容换了，台下的观众也不太懂波兰语，不知道她讲话的内容换了，但是摩契斯卡夫人却通过改变自己的语气和语调影响了全场的氛围以及观众的情绪。**

与他人沟通时，我们常常忽略了表情和语调的掌控，它们能够暴露出我们内心真实的情绪。烦躁忙碌时，恰逢与他人正在进行谈话，让对方察觉出你漫不经心的敷衍，不如一句礼貌的直白说明："不好意思，我现在有点忙碌，一会儿空闲再谈，好吗？谢谢。"前者的处理，对方在不知内情的情况下，只能感觉自己不受重视；后者的处理，对方会表示理解，甚至会主动询问是否需要帮忙。这足以体现在人际交往中，态度把握的重要性。

有一天，作家的一个朋友来访，两人一起去一家餐厅用餐。当时正值中午，用餐的人很多。于是作家问正在忙着收银的老板："请问有两个人的位子吗？"老板头也没回地说了句："没有。"仍旧自顾自地忙碌着，作家心里很不舒服。

当即，作家下了决心，发誓永远都不再去那家餐厅用餐了。为什么？就是因为老板说的"没有"这两个字。态度敷衍的"没有"两个字带给作家的信息是：第一，这家餐厅不做我的生意；第二，这家餐厅并不在乎我是否在这里用餐。

作家坦诚说道：“如果他换个表达方式说，‘不好意思，现在正是用餐高峰期，暂时没有位置。’或者说，‘有位子，不过要稍等一会儿。’我的感受肯定会不一样。”

由此可见，做生意的人，不懂说话，态度敷衍，就难以留住顾客。人际交往的道理也是一样的，没有人愿意接触总是叹气、时刻处于消极状态的人。人与人的交往都是相互的，你来我才往，你往我复来。想要获得一个融洽的人际交往环境，必须要学会保持一个好的态度，对待对方态度好，收获的也必定是一个温和的微笑。

面对生活小问题，保持积极态度

威廉·詹姆斯说：“我们所谓的灾难很大程度上归结于人们对现象采取的态度，受害者的内在态度只要从抱怨转为奋斗，坏事就往往会变成令人鼓舞的好事。在我们尝试过避免灾难而未成功时，如果我们同意面对灾难，乐观地忍受它，它的毒刺也往往会脱落，变成一株美丽的花。”生活中遇到一些小问题是很平常的事，面对生活中层出不穷的“惊喜”，除了张开双臂拥抱，我们又有什么其他的选择呢？

与人交往，不适宜经常传播负面情绪。与人倾诉很正常，可经常性抱怨，就讨人厌了。要解决这一点，可以从日常措辞着手——多使用积极词语。我们表达出的话语，不光对他人情绪有影响，对自己也是有影响的。

负能量像病毒，传播速度快；又像影子，粘上了就习惯性携带，甩都甩不掉。伴随在它身边的人，常常陷入抑郁、恐惧、焦躁之中；而乐观的情绪，带来的结果刚好与之相反，它能让人充满热情，精力充沛，甚至让人在劳累中也一直想奋斗。使用一些积极的词汇，比如“可以，真好，加油”等，会让人感到你的朝气，避免遇事就说丧气话，这种行为不论到哪个环境都不讨喜。

第10章

变则通，通则存：改掉人际交往坏习惯

交朋友、谈业务和团队协作都需要良好的沟通。在社会上拥有良好的沟通能力不但重要而且还十分必要。但人无完人，且人与人之间还有个性差异。在平时的沟通中也许有一些你不经意或者没有注意到的坏习惯，正影响着你的沟通效果。

第一节
01 忍而不语：该闭嘴时就闭嘴

《周易》有言："吉人之辞寡，躁人之辞多。"智者，有自知之明，知晓何时应该发言；愚者，时时表现自己，多言多语。与人交往，学会沉默极为重要，在不适当的时机喋喋不休，就好像在电梯里喷了廉价香水，无形中惹人反感，虽然对方没作任何表示，但其内心的不满在一点点累积。

法国思想家卢梭说过："知识少的人，讲话讲得特别多；知识多的人，讲话反而讲得很少。"语言是人类沟通的根本，生活、工作中互相交流时，语言是重要的工具。成功人士知晓，言多必失、多言者杂事缠身的道理。曾国藩在写给家人的信中就多次提到，败坏德行的根本就是“自傲”和“多嘴多舌”。不懂的事情，不要急于发表意见，浅薄的意见表达出来，他人面上不显，却在内心讥嘲此人无知。

认清形势，在忍让中暗自积蓄

世上总有不平，也总有人德行有失，很多人看不惯他人的小人之行，出言讥讽，这既改变不了事实，也无法让其改邪归正，只能给自己带来祸患。沉默是一种智慧，一时的隐忍能为之后的反扑积蓄力量；即使行正义之言，也应看清形势，该缄口时，勿发言。

《宋史》记载了一个故事：宋朝有位大臣叫丁谓，极为擅长察言观色，得皇帝赏识，于是被封为副宰相，但其实际却是曲意逢迎的小人。当时的宰相是寇准，高了丁谓半级，他就将自己的献媚之能运用到寇准身上。寇准知其为人，十分看不上这种行为。一次，二人在吃饭时，寇准的胡子不小心沾了汤汁，丁谓站起来慢慢替他擦干净，并夸赞寇准胡须漂亮。寇准一笑，出言讽刺说：“怎么？难道这世间还有替人溜须的宰相吗？”由此，丁谓心怀记恨，和王钦若等同样受过寇准讽刺、挖苦的官员结成同盟，在朝廷上处处针对他，并时常向皇帝“告状”。时间一长，皇帝也慢慢注意起寇准了，专看其缺点，越发觉得此人不会说话，缺点太多。寇准之后的命运可想而知，他被一次次流放，政治生涯就此一落千丈，直到在雷州逝去。

丁谓确实为人谄媚，是小人无误，但寇准无论对方人品如何，都不应该讽刺对方，给自己找麻烦，最后落得凄惨下场。

实际上，很多人都有这样的困惑：对方实乃小人，甚至作恶多端，自己看不惯其行事做派，难道都要明哲保身？都做躲让之人，岂不是世风日下！内心不忿，不一定要表达出来，忍辱负重才是良策。对于这一点，可以借鉴唐代光王李忱的做法，他自幼被唐敬宗伙同大臣取乐，甚至直到武宗登基，他都被视为眼中钉、肉中刺，对方认为他装傻充愣，实不能容，但李怡不论对方如何，都不暴露自己，管好自己的嘴，忍住心气，直到机会来临，一朝身份反转，做了帝王。

《寒山拾得忍耐歌》中寒山问拾得曰：“世间谤我、欺我、辱我、笑我、轻我、贱我、恶我、骗我，如何处治乎？”拾得云：“只要忍他、让他、由他、避他、耐他、敬他，不要理他，再待几年你且看他。”生活中，遇到无德之人，要忍住这嘴上的无用之争，在行动上隐秘运作，懂得变通，就算你能力强，位高权重，也要注意树大招风，学会低调。一只狮子落入鬣狗群，即使有尖利的牙齿、藐视众人的力量，也抵不住群体的攻击。由此可见，懂得隐忍、话止于口是一种非常重要的交际技巧。

控制表达，在沉默中学会说话

学会沉默，就是要有意识地增强自身的语言控制能力，每日多反省自己的所作所为，什么话是不应该说的，经常总结经验。以情商高闻名主持圈的何炅在自己的书中提到："中学的时候喜欢出点儿风头，讲八卦，讲来讲去变成了挑事，无意伤到重要的朋友。后来就慢慢地学会闭嘴了。20岁之后，暴露在全国观众的视线之下，我必须小心谨慎。"生活中，很多非常会说话的人，都懂得需要沉默的道理。

不知适当沉默的人，往往只能在人际交往中停留在"乍见之欢"的处境，而做不到"长久不厌"。著名作家张爱玲女士，有一位密友，名为炎樱，此人总是在不适宜的时间点喋喋不休。比如张爱玲来到美国，在她经济紧张之时，炎樱却在信中炫耀自己多么生财有道；张爱玲独身孤寂，炎樱却在双方沟通时炫耀丈夫的体贴关怀，强调自己生活幸福。每次两人聊天，炎樱都在炫耀自己，长此以往，张爱玲终于受不了，跟对方断绝了来往。朋友交往时，彼此都有欢乐、难过的时刻，即使做不到锦上添花、雪中送炭，也要给予对方起码的关怀。不知如何安慰时，可以沉默，或以行动给予支持。

看透不说透，是一个好习惯。不必处处彰显你的"聪明"，有些事大家心里清楚，但却不开口点破，原因在于，此事不宜作为放到明面上讨论的谈资。有人说："有时候，真的掌握不好什么时候该沉默。"简言之，不明白的事情不说、他人都不说的事情不说、伤害他人的话不说。话虽简单，但到了真实的交际环境中，往往就是忍不下那口气。表面上看，我们掌握沉默的技巧，是为了防止"言多必失"，但要想解决"不知闭嘴"的问题，就要修炼自己，努力提升自身的眼界和心境，多读书，在沉默中学习说话。沉默是金，有时候沉默能表达出语言难以达到的效果。

俗话说得好："我们用两年的时间学会说话，却要用一生去学会闭嘴。"人际交往中，时间会让人淡忘喜悦，也会淡化矛盾，但如果学不会"止语"，矛盾就会跟随一生，交际圈会因语言有失而变得狭窄。开口可以是一时冲动，沉默却需要意志力来控制，学会控制情绪，适时止言能让你收获"山重水复疑无路，柳暗花明又一村"的成功。

第二节

02 不越雷池：玩笑不是取笑

德谟克利特说过：“言辞是行动的影子。”语言能直观地展现个人修养和交际能力。开玩笑是一种活跃气氛的说话方法，从本质而言，玩笑是一种对事实的巧妙描述，说话者通过语言修饰，让事实充满趣味性。玩笑和取笑的区别在于，玩笑是幽默的；取笑是卑劣的。二者失之毫厘，差之千里。

适度玩笑既显示出个人的幽默，又能营造出关系亲近的效果。若玩笑变成取笑，就失了礼节，反倒显得为人粗鄙而恶劣。因此，掌握玩笑的分寸格外重要，而做到这一点，就需要注意玩笑的场合、对象和内容。

开玩笑要注意场合

通常而言，严肃的场合不适合开玩笑，比如公司大会、面试等需要展示个人能力的场合，玩笑会让对方感到态度不端正；悲痛的场合，如追悼会、捐款表彰会等谈论到悲伤事件时，玩笑会让他人不适。丧事、严肃事件交流时，随口开玩笑，既是对他人的极大不尊重，也是做人行为有失的体现，而如果一旦给他人留下人品低劣的印象，那么用任何能力、才华都无法弥补。在人际交往中，对于此时是否可以开玩笑，自己务必做到心中有数。

一位举世闻名的钢琴演奏家，应邀在一家剧院进行音乐会演出，很快票就被抢购一空。但天有不测风云，演出当天，漫天大雪阻隔了道路，很多听众在路上耽误了时间。导致演出开始时，剧场内有一半以上的座位都是空的，许多听众在座位上担心钢琴家会因生气而取消演出，场上寂静无声，气氛一度非常低沉。

演奏家也没预料到会出现这样的情况，眼下严肃、沉闷的氛围也不适合开始演出，即使开始表演，观众也难以获得愉悦感。于是，他决定跟大家开个玩笑，化解场上的尴尬：“亲爱的朋友们，看来你们都是这个城市里的有钱人，因为你们每个人都买了两个座位来听演奏！”观众听到这句话，顿时轻松起来，音乐会就此开始。

演奏者把开玩笑的时机把握得非常准确，此时确实需要一个玩笑带动场上观众的情绪。观众担心自己的情绪受影响，演奏者就利用玩笑表示出自己轻松的心情，证明自己依旧保持着一个愉悦的表演状态，由此为观众营造出一个舒适的欣赏音乐的氛围。

需要开玩笑的场合开玩笑，能起到良效，但不适宜开玩笑的场合，莽撞地开玩笑，就容易铸成大错，不止破坏了原本的气氛，更让人感到不适。不分场合的玩笑话是轻浮、浅薄的体现，对交际而言毫无益处，属于画蛇添足。比如，严肃的场合，所有人提着一口气、全神贯注地集中在共同完成一项工作上，在这种氛围下，需要的是全员认真投入的情绪，坚决不能因为一个不合时宜的玩笑话，误了大事。

罗纳德·威尔逊·里根在担任美国总统期间，有一天到国会参加会议，发表演讲之前，他需要测试一下麦克风是否接通，于是随口就跟议员们开了一个玩笑。他说："诸位，请注意！五分钟以后，我们就要对苏联发射核导弹了。"这句话说出来，在座的议员瞬时呆愣在原地，震惊得说不出话来。而在此之前，苏联已经针对这一事向美国提出了严肃而坚决的抗议，让里根麻烦缠身。

里根在如此严肃的环境下，开了个过分的玩笑，此举甚为荒谬。因为在这样的场合下，任何语言都有可能被当作真话，何况还是如此夸张的言论。这一举动造成了十分严重的消极影响，不止抹黑国家形象，更将自己置于一个尴尬的境地。这本是一个玩笑，但是最后没能娱乐他人，反倒让自己成了笑话，堪称不看场合开玩笑的典例。

一个玩笑本来是整个氛围中最不起眼的小插曲，短短的几句话在整个环境中算不得什么，但却因为不合时宜而使自己置于极为难堪的境地。归根究底，就是没有认清开玩笑的时间和场合。由此可见，能敏感地感知谈话环境，是开好玩笑的前提。玩笑能起到调节气氛的作用，其本身就是一种高调的交际方式。注意开玩笑的场合，掌握好分寸，就能牢牢把控谈话氛围。

开玩笑要注意对象

玩笑要开得“无伤大雅”，使对方听后内心认同，赞同此言幽默又风趣，才是玩笑正确的使用方式。有教养的人，玩笑的运用目的是使他人愉悦，通常取笑自己而娱乐大众，初衷是为他人制造欢乐，即使开他人玩笑，也是在对方可接受的范围内，而非不知进退地专攻他人弱点和缺陷，取笑别人，抬升自己，最后反倒“乐极生悲”。

人们生长环境、年龄、职业、思想的不同，导致价值观、理解能力的不同。因此，开玩笑时一定要注意对象，不恰当的玩笑极易得罪于人。同样的一句话，有的人可能会觉得有趣，一笑了之；有的人就可能会比较敏感，觉得自尊心受到了伤害。一旦因此在对方心中埋下怨恨的种子，再想挽回就为时已晚了。

开自己玩笑，人们总是能掌握好时机和火候，但开他人玩笑，就可能失了分寸。因此，可以选择和熟悉的人来开玩笑，对于对方的了解能够让自身避开忌讳和隐私，在安全的范围内说出幽默的话语。比如，两位不熟悉的异性同事因为工作原因经常一起出差，你见到二人却道：“职场上的‘金童玉女’来了！”本意是夸赞二人配合默契，工作效率高，在旁人听来，却是意味深长，难免多想，如此易造成他人误会。传播谣言的玩笑就不适宜开。

具体而言，开玩笑的对象可以进行更细致的划分。对长辈，要注重长幼观念；跟异性相处时，要注意玩笑的尺度；对残疾人，避讳用他人伤痛作为谈资；与朋友相处，要规避对方重视和在意的隐私等。例如，跟沉默寡言、性格敏感的人就不适合开玩笑，因为他们内心缺乏安全感，感觉你的玩笑是嘲笑；与异性交谈时不适合开一些内容庸俗、思想下流的玩笑，这对对方是一种侮辱。

除此之外，开玩笑可以选择对方心情好的时候。开玩笑的对象心情甚好，对于玩笑的接受程度也会提高。有时对方心情不佳，以往能接受的玩笑，在此时听起来也分外刺耳，本想逗乐对方，却因此产生了误会，岂不是自找麻烦？

开玩笑要注意内容

开玩笑不只要注意对象、把握玩笑的尺度，更要谨慎选择开玩笑的内容。开玩笑时说出他人隐私或是以他人缺点、缺陷取乐是愚蠢的，这是对他人的不尊重。对于人际交往而言，最忌讳的莫过于此。弄脏别人的衣衫，一句对不起可以得到谅解，而不知忌讳地开玩笑，即使千万句对不起都无法得到原谅。

办公室内闲谈聊天，一位身材肥胖的女士，分享前几天的购物经历，向同事们推荐一家服装店，并展示自己身上的衣服物美价廉，众人纷纷夸赞，甚至约好时间准备一起去看看。而其中一位同事却开起玩笑说："有一位女士，到皮鞋店买鞋，试穿了好几双都不合适，于是老板蹲下为其丈量尺寸，终于拿到了一双合适的鞋子。老板开口称赞：'您穿着真美，鞋上的装饰跟您的衣服十分般配。'但女士是一位胖人，低头看到的是自己肥胖的肚子，于是只能开口：'是啊，这装饰真好看，看起来十分名贵呢！'结果，买下鞋子后才发现，鞋上的装饰是红色布花。"办公室响起了一片哄笑声。此事过后，大家发现那位身材肥胖的女同事，碰到这位同事都不打招呼了。

这位同事可能只是情景所致，一时想到了这个笑话，但在胖同事说话之后，接上这个故事，就难免让对方多想。虽是开玩笑一般讲了个笑话，但其中含义却是讽刺胖人的身材，对方自然反感，就此心怀芥蒂。尤其双方共为同事，更需要注意言辞。

因此，开玩笑时要注意内容健康，没有任何讽刺和隐喻的意味，把低俗当作有趣，实非智者所为。以自己的缺点开玩笑，可以表现为人豁达、心胸开阔；说他人缺点，却是卑鄙之行。

除此之外，玩笑时还应该注意自己的表情和口气，如若面部严肃，说出的玩笑就容易让人当真，就此引来误会就不值当了。喜欢开玩笑的人，通常活泼开朗，但频率过高的玩笑话，只能让人觉得此人说话没有正题，也没有正经的时候。

开玩笑不是万圣节的恶作剧，多么过分都可以借着节日的借口请求对方理解。生活中的玩笑，应该更谨慎，丢失了玩笑应该有的积极性，反而伤害了他人，只能称之为取笑，此举万不可有。

第三节

03 过犹不及：诌媚奉承不可有

《中华圣贤经》劝诫我们：“不阿谀以苟合，不谄媚以求亲。”意为勿用奉承话来迎合别人；也杜绝以讨好的方式来获得他人亲善。适当地称赞、恭维令人愉悦，但过度谄媚只会惹人生厌。人都爱结交君子，远离小人，君子不会陷入阿谀奉承中，也不会因此给予别人恩惠，反而厌恶此道；因为此道而施他人恩惠之人，也绝非君子。因此，与人交往切不可谄媚逢迎，避免遇君子遭嫌，逢小人难辨。

子曰：“君子上达，小人下达。”也就是说：君子向上去通达仁义，小人向下去通达财利。善以美言惑人者，往往唯利是图。

有道是言过媚，行必有端，辨别小人的关键点，就是观其言。

谄媚迎合之人，乃大环境的破坏者

自古以来，身居高位的明君，都亲贤臣远小人；唯有好大喜功、昏庸无度之人才喜爱一味迎合者。以史为鉴，秦有赵高祸乱朝政，唐有崔湜秽乱宫闱，他们位高权重，却又下场凄惨。心不正，行不益，因一张嘴乱了大环境，罪行罄竹难书，由此背负千古骂名。

后梁的开国皇帝朱温，有一次率领一些大臣出大梁城，走出数十里后，在一棵大柳树下休息。这棵柳树枝叶茂盛，树根粗壮，朱温一见，不禁赞叹："好一棵大柳树！"说罢以目光扫视众人，众人立刻随声附和地说："真是棵好柳树！"朱温沉吟片刻，又开口说："这柳树可以做车头！"大臣面面相觑，纷纷点头表示赞同应和道："是，的确是做车头的好材料！"

实际上，柳树并不适宜做车头，大臣中有一人犹豫了一下，试探开口："这棵柳树虽好，但是做车头却必须用夹榆树。"朱温听后脸色一变，大骂那些一味逢迎他说柳树可以做车头的人，其行为如同指鹿为马，实在是奸佞之徒，勒令除说真话者其余全部杀死。

朱温身为君主，自然希望臣下皆是有才能的清明之臣，而非只会逢迎的酒囊饭袋。不分是非黑白一味溜须拍马的臣子，不仅影响圣听，更易祸乱朝纲，此乃明君最忌讳的，他自然会剔除带坏大环境之人。

同理，日常交际也是如此，不论是在工作上，还是在生活上，都应避免一味迎合奉承他人。古语有言："以色事人者，色衰而爱弛。"只有美貌，没有其他魅力，迟早要丧失他人的爱慕。只会迎合的人，话语没有思想，反倒凸显个人的无能，随着时间的流逝，就会被更多有能力的竞争者以真才实学挤出交际圈。有权势和财力之人，衡量的是对方的价值，无法创造价值，长此以往只会被抛弃。

现代社会，没有主见就意味着没有思想、为人浅薄无知。有能力者，能够在工作中做出有利于团队的事，提供自己的真知灼见；在困境中试图找寻方法；在领导错误时，巧妙提醒；在生活中，可为他人提供建议。

擅长溜须拍马，乃众人厌弃的对象

人际交往的目的多种多样，不管是为了寻求合作、资源共享；还是为了找寻知己，互促进步，都是以建立一种长久的人际关系为初衷，而非只做一竿子买卖，得利就散。因此，人们都希望在对方心里留下一个好印象，让其喜爱自己。

行溜须拍马之事，易遭众人嫌弃，是人际交往的大忌。其行事以讨好他人为手段，以获得利益为最终目的，缺少交往的真诚，常常踩低捧高，在他人眼中是人品低微之人，智者当然不屑与其为伍，长此以往一朝有难，众人都不愿施以援手。

因此，做人需有气节，无论与谁交往，风骨不可丢，就算追逐名利，也要以才服人，做德“财”兼备之人。古语有言：“易动之物不可依，易变之人不可靠。”献媚者，向权势低头，向金钱低头，却不想向现实低头，受不得苦，遇事就想走捷径，谁有利益就向谁献媚。大事不敢用，小事不堪用，如此行事，怎可在交际圈生存？

与人交往，万不可心存侥幸，应时时保持为人气节。在强者面前可以承认其强，也可以借助其力，但不能有攀附之心。溜须拍马之人正如那菟丝花，只能依靠他人存活，被其抛弃就只能等待灭亡。

违心奉承之人，乃利益权势的傀儡

《论语》里这样写道：“君子喻于义，小人喻于利。”也就是说，君子看重的是道义，小人看重的是利益。小人，擅长以谄媚之姿，求取财物、权势，与人结缘也是因利而聚，无利而散，甚至在牵扯利益时撕破脸皮，丑态毕露，为人带来无限麻烦。也是因为如此，智者一旦碰到擅长奉承拍马的人，就会警惕起来，不愿与之结交。

在宋国有一个名叫曹商的人，替宋王出使秦国。他去的时候，只带了几辆车，拜见了秦王以后，巧言令色，说了奉承之词，颇得秦王欢心，于是秦王加赐给他一百辆车子。曹商带着这些赏赐，颇为得意地返回了宋国。路上，他遇见了庄子，大肆炫耀，对他说："我忍受不了日日住在贫穷的街巷里，只能靠编草鞋勉强度日，于是见到秦王，讨得他欢心，一下就得到了这么多车子，这些财富证明了我的能耐！"庄子听后，淡淡开口："听说秦王有病，召请医生诊治。凡是能够为他破脓化疖的，可得一辆车；凡是能给他用舌头舐痔疮的，可以得到五辆车。所用的手段越下作，得到的赏赐越多。你得到了这么多车，大概是替秦王舐痔疮了吧？否则，你怎么会得到这么多车子呢？"

通过奉承得到的利益，自觉光荣，在他人眼中不过是出卖自尊换来的粪土，可谓丢了西瓜捡了芝麻，一时的利益只是过眼云烟，何苦为这蝇头小利枉做小人？徒惹他人白眼。

说到这里有人疑问："世事艰辛，我求人办事，必须要讨好对方啊！"古语有言："无事献殷勤，非奸即盗。"人都知道，事出反常必有妖，有求于人之时，也要保持不卑不亢之姿，以理服人、以情动人，能以个人能力、品德征服他人，才能获得长久的利益保障。

生活中，一个人要想获得他人尊重，建立好的人际关系网，就要努力提升自己，树立远大的理想和抱负，将目光放长远，抛弃贪图享乐的心态，甘愿忍受生活的考验，不将他人看作谋取利益的机器。

俗话说：“路遥知马力，日久见人心。”在毫无真诚、不闻利不起的交往前提之下，任何关系都维持不了多久。与人交往，切忌投机取巧，以“巧言令色”获得成功，虽是走了捷径，但走不长远，路会越走越狭窄、越艰辛。

第四节 04 恶语难消：不言人私，不揭人短

俗话说得好："打人不打脸，骂人不揭短。"每个人都有不愿为人知的秘密；也都有不可为外人道的隐晦，揭开他人苦苦遮掩的隐私，实属不道德的行为。

古语有言："刀疮易没，恶语难消。"无论在何种场合，对待他人切不可心生恶念。一念起，则口出恶语，中伤他人，再想挽回，就难于上青天了。做人应懂得知人、识人、不评价人，闲谈莫论是非。

从前，有一位农夫救了一头大象。大象内心感激，说："我可以为你做任何一件事来回报你。"农夫听后说："听说你的象

牙很值钱，反正你没了象牙也能活，不如给我吧？”象照做了。几个月后，农夫又碰到了大象，问它：“你的伤口好了吗？”象说：“身上的伤口早好了，可心里的伤口却永远无法愈合，因为我每想起你的话，心里都像刀割一样疼痛。”

每个人有着不同的生存环境和成长经历，自然就有着各种不同的性格和缺点，甚至是弱点、隐疾。或许是一段惨痛的经历、或许是一个不容提及的人，这些都是对方不喜与外人分享的一部分。他们在生活中也极力隐藏，只为了获得生活的平静和安宁。将他人的“伤口”拿来作为谈资，无异于在“伤口”上面撒盐，更是对他人的一种侮辱。

仔细分析，宣扬别人隐私、戳人短处的核心原因主要有以下几点：其一，控制不住猎奇心理，说者发现了“大秘密”，就按捺不住内心的分享欲望，自以为隐秘地告知一两个人，以泄口欲，殊不知，已经迅速传播开来。其二，炫耀自己被人重视。塞·约翰逊说过：“泄露机密的重要动机之一，就是炫耀自己受人信赖。”很多人因为知晓他人秘密而得意，不管是对方主动告知，还是自己无意发现，总之在其心中，就有比别人“高出一等”的优越感。其三，为了快速讨好某人，恶意抹黑对方讨厌的人，甚至道出一些不为人知的事，以期迅速结成同盟。“宣扬他人隐私、揭人短处形同于谋害生命。”不论出于什么原因，三者本质上并无区别——违背了做人的基本道德，应当受到谴责。

有人说，我并非故意揭人短处、宣扬他人隐私，只是一时不察铸成大错，事后也是追悔莫及，谁会想得罪于人！那么如何才能避免口出恶言呢？

说话负责，心中有分寸

言论自由的社会给予人们更多“说话的平台”，信息传播迅速，可能一秒钟，你的一句话就能一传十、十传百，立即被传播开来。许多人为了吸引人眼球、赚取利益，深度挖掘他人隐私、专抓他人痛处、恶意中伤他人、添油加醋地编排故事，将平淡无奇的一件小事扭曲成举国关注的大问题，任舆论发酵。等到终于有人调查清楚，还人清白时，已经对当事人造成了难以磨灭的伤害，这期间所历经的痛苦也无法弥补。

如今，说话不负责、不犯法的“二不”现象愈加严重，网络、媒体环境已经深深影响了人们的日常生活。随便曝露他人隐私，戳人伤口的言论仿佛长了翅膀，不受拘束，与人交往也控制不住地围绕“家长里短”畅抒己见。在他人悲愤情况下找上门时，随口甩出一句：“大家都这样说！”殊不知，他人忍辱之下，已经筹划好了击垮你的后招。

明太祖朱元璋出身贫寒，文化程度也不高，做了帝王之后，更是讨厌他人提起自己文化低的短处，影响自己树立帝王威信。

昔日熟识的穷苦好友，都被挡在宫外，不得觐见。

有位朱元璋儿时一起长大的好友千里迢迢从老家赶来，几经周折总算进了皇宫。一见面，这位老兄便当着文武百官大叫大嚷起来："朱老四，你当了皇帝可真威风呀！还认得我吗？当年咱俩可是一块儿光着屁股玩耍，你干了坏事总是让我替你挨打。记得有一次咱俩一块儿偷豆子吃，背着大人用破瓦罐煮，豆还没煮熟你就先抢起来，结果把瓦罐都打烂了，豆子撒了一地。你吃得太急，豆子卡在嗓子眼儿还是我帮你弄出来的……"

虽是好友，但也要注意别凭借彼此关系的亲近，肆意揭他人短处。每个人都有自尊心，好面子是人之常情，就算是心胸开阔之人，也讨厌他人当众揭短。

远离是非，避免谈论他人

闲谈，本是人们生活中一个重要的组成部分，愉悦的谈话应该是积极向上的，话题充满正能量，而非时刻游走在道德边缘。俗话说得好："你的一根手指指向别人的同时，也有三根手指指向了自己。"总议论他人秘密，总有一日也会在偶然间听说自己的"传闻"。这正是应了一颗老鼠屎坏了一锅粥的道理，一个人的言行影响了大环境，话题离不开是非，早晚也会卷到是非当中。

《增广贤文》中说过："来说是非者，便是是非人。"虽然原意是告诫人们闲谈莫论是非。但换言之，谈论是非的人，已经卷进是非中。不要为了与己无关的事，多嘴多舌，非要插言，最后落得个凄惨下场。可怕的是危险已经逼近还毫无察觉，自鸣得意，感觉对方被自己说中。

心口相连，一心向善之人口出善言；一心盈恶之人口出恶语。日常喜爱谈论他人是非之人，心不正，常与其混迹，迟早“近墨者黑”。要想远离是非，首先，要隔绝是非环境，避免闲谈之际徒惹祸患，尤其管不住嘴之人，更应脱离是非圈；其次，远离是非人，议论他人私事本就是不尊重人的表现，与其交往渐渐就会失掉警惕心，认为谈论他人是稀松平常之事；最后，提高话题的敏感性，生活中，难免会碰到谈论他人的话题，比如听到以“你知道吗？谁谁谁如何……”的开头，就应该警惕了。此时要么闭嘴不言，要么巧妙地结束话题，甚至可以直接找理由离开，宁可做个“不合群”之人，也不要用讨论他人的方式融入群体。

不背人后，有事当面说

实际上，许多矛盾，都源于一些捕风捉影的传言。一句中性评价，经由他人的添油加醋就可能变得面目全非。事实如何已不重要，无风不起浪，他人听风知雨，即使外表不显却心生芥蒂。而此时，自己还不知为何与人交恶，以至于矛盾爆发时，还在彼此埋怨，甚至因为这一个小误会，双方一拍两散。有时，背后一句随口的气话，虽是无心，但落到他人耳朵里就是故意中伤。因此，有话当面说，才是君子所为。

不管评价是好是坏，只要事关他人，就应面对面地私下交流，将所有疑问搞清楚。许多人可以接受他人的当面批评和建议，但绝对忍受不了背后的风言风语。我们并不是包青天，没有资格断别人的官司，是非曲直自有法律和公道，无须在茶余饭后来召集众人“论断”。

不对他人之事置喙，既是一种尊重，也是一种礼貌。鬼谷子曾说过：“言其有利者，从其所长也。言其有害者，避其所短也。”在人际交往中，双方难免会因为各种各样的原因产生矛盾。君子不会因此处处中伤对方，反而逢人便说其优点；小人则不然，或是故意造谣抹黑对方，或是大肆宣扬对方丑事，闹得惊天动地。前者出口即善语，长此以往矛盾解开，旁人看在眼里，也敬佩其德行；后者开口即恶言，渐渐只会积怨更深，恶劣的行为犹如臭味，人人避之不及，哪还有什么人际交往可言呢？

人生不易，世事艰辛。生存本就艰难，又何苦平地生波涛，增加别人的苦难？谁都有一些私事，不想与外人道，要学会体谅他人，站在对方的角度思考，苦他人之苦；学会维护他人的自尊，顾全他人颜面也是给自己的人生行方便，何乐不为。

第五节 05 脚踏实地：不与人空言

爱说空话之人，常常好大喜功，眼高手低，而能力匮乏，不愿认清现实。有时为争个面子，在他人面前夸赞自己无所不能，到了见真本事的时候，却两眼一黑。这种人在人际交往中，难以获得他人信任。试想，没有自知之明的人，他人怎会愿意耗费精力和时间与你交往呢！

什么是空话？

空话，一乃大话，吹嘘自己做不到的事，从没考虑过此事能否实现，脑中构想万千，面对现实却是怯懦逃避；二乃虚话，说出来的话冠冕堂皇，实则是打着各种由头，行一己之私，总想动歪心思，投机取巧。可能一时半晌，他人处于友好和真诚的角度，与你交往不会有猜忌之心，但长此以往，纸包不住火，所言非实，总会暴露。

北宋有一个叫柳开的人，为人粗鄙却总自诩文人，没什么见识和才能而又大话连篇，曾对外宣称自己“师孔子而友孟轲，齐扬雄而肩韩愈”，因此给自己起名叫肩愈，乃继承韩愈之意，给自己拟字叫绍元，意表继承柳宗元。曾经喜欢跟文人引文论据、谈经论典，后来又喜标榜文人，自负又任性。

除此之外，他也做了许多荒唐事。考进士时，将一千轴文章放到考官的面前，乘车进入考场，预备获得他人的喝彩，赢得一个响亮的名声。有一与他一届考进士的人，名叫张景，在当时是出了名的有文采，只在袖子里装了一篇文章，却被考官连连称赞，并且获得了一等的好成绩。于是，这样一句话就流传开来：“柳开千轴，不如张景一书。”柳开的目的没有达到，却彻底让人认清了其以往对外宣称的都是假话。

柳开吹嘘自己，言过其实，如此也就罢了，还付诸行动，夸张地摆出送考官千卷文章的排场，量虽多，质却差，最后闹得人尽皆知。其大话说破天，能力却低于地。想用空话取虚名，迟早会在事实面前暴露自己。与其最后被揭穿，还不如开始就将所有的精力放在提升能力上。

人为何会说空话？

一切妄言，皆是因为心中欲壑难填，始终沉溺在欲望的沼泽中，不知满足、不知疲倦。夸大事实掩盖真相之人，普遍缺少自控能力，无法控制自己内心的虚荣；同时其眼界狭隘，只追求表面的“成功”，享受他人称赞、尊敬，甚至是恭维带来的虚荣感。大话吹上了天，自己也飘飘然，只为享受着一时爽快，全然不顾后果如何。实际上，剥开浮华的语言外壳，其内里只有贫瘠的思想、短浅的眼界以及庸俗的灵魂。

两位农夫在田间劳作之余闲谈，有一个说：“要是有一天我当了皇帝，我顿顿吃饺子。”另一个说：“如果有一天我当了皇帝，我就把锄头换成金的。”两位农民在得到了至高无上的权势之后，想到的第一件事是“吃够”和“金子”，也就是温饱和钱财。

由此可见，人的德行、境界、眼界和他的能力与所处的位置息息相关，他们的位置就决定了其即使一朝得势，也难以摆脱“鼠目寸光”的问题，说出这些空话只能贻笑大方；而智者心中抱负更高，目光更长远，境界和位置相匹配的条件下，一旦得到了机会，秀口吐山河，不禁让人敬佩。

说空话有何坏处？

俗话说：“在其位，谋其事。”用空话套取虚名、权势之后，就需要为此展现出相应的能力，否则，一切谎言都将大白于日光之下。危楼倾覆，届时再说什么都无人相信了。

说一个谎言，就要用无数个谎言来圆。在人际交往中，任何谎言都会在彼此了解加深后，成为你的致命点。轻则就此失去信誉，重则关系决裂。长此以往，身边的人都会渐渐远离。

人，需要对自己的一言一行负责，不可心存侥幸，过分地吹嘘却无能力担起责任，只能给人留下虚伪、爱表现、毫无责任感的印象。

战国时期，赵国有个好求仙、炼丹而又爱说大话的人，他为兜售仙药四处吹嘘，坑走了不少人的钱财。有一次，艾子开玩笑地问他："先生你今年多大岁数了？"那人吹嘘道："我已忘记自己的年龄了，只记得小时候同伙伴一起去看过伏羲氏画八卦。他长着蛇的身子，人的脑袋。回来之后我得了病，幸亏伏羲氏用草药把我治好。"艾子听后笑了笑，也没有说话，就退走了。

那个爱说大话的人还经常对别人说道："蚩尤武装来侵犯我，我只用指头一弹，就伤了他的额头，之后他只能血流满面地逃走了。仓颉不识字，想来拜我为老师，我嫌他愚笨根本没考虑收留他。庆都怀孕十四月才生下尧，为了庆贺，请我去参加汤饼会。女娲时代，天往西北倾，地往东南陷，我因为居于中间，所以没有受到伤害。神农氏播种百谷的时候，我已辟谷不食人间烟火很长时间了，所以他种的粮食我一粒也没吃过。或汤网开一面打猎，我讥笑他对野味不能忘情。夏桀王强迫我像牛一样地喝酒，我拒绝，他便对我施加炮烙之刑，七天七夜，我还在谈笑风生，他没办法只能把我放走。姜太公用钓的鲜鱼款待我，我却把它喂了山中的黄鹤。舜被父母虐待，仰天大哭，是我亲手为他擦去眼泪，再三安慰他、鼓励他，后来他才成了有名的孝子。大禹治水，从我家门经过，我用美酒慰劳他，他坚决推辞而去。孔甲送给我一碗龙肉酱，我错误地吃了下去，到现在口里还有腥臭之气。周穆王在瑶池设宴，让我坐首席。徐偃报告军情，周穆王离去，西王母留我到席散。因为饮酒过多，醉倒起不来，幸而有董双成和萼绿华两个丫头扶我回房。从那以后一直沉醉，到现在也没全醒，不知现在是什么年代了。”众人听了皆是瞠目结舌。

过了一段时间，赵王坠马伤了肋骨。医生说：“必须用千年人血敷上才能好。”于是赵王下令寻找千年人血，找了一段时间却音信全无。赵王愈发急躁，就下令通告全国：倘若七日之内再找不到的话，所有百姓税赋比往年增加一倍；百官的俸禄也都减少一半！通告到了每个州、郡，所有的百姓都开始惊慌，每天都成群结队地找千年人，连庄稼也不种了，可是哪个人能活一千年呢？这样漫无目的地找下去可不是办法。

这天，艾子没事在街上逛，看到城墙上贴的告示，为了解救百姓和朝廷的文武官员，他去晋见了赵王。

见到赵王后，艾子向赵王说：“此地有个好求仙、炼丹的人，他的年龄不止几千年了，如果杀了他，用他的血敷上一定好得快。”赵王听后非常喜悦，暗中派人把他抓来。要杀他的时候，他却磕头作揖，痛哭流涕道：“昨天我父母才过50大寿，邻人们带着酒来为父母祝寿，我因为喝醉了才说大话，大王千万不要听艾子的。”赵王只好斥责他一顿，放了他。

这个修仙之人大肆行骗，以满口假话、大话谋取不义之财，到了现代恐怕难逃法律制裁。从本质而言，这种行为和强盗、小偷没有区别。他的大话传得快，传到了赵王的耳朵里，面临被杀的危险，这位骗子才承认自己说的是大话。

但并非每个人都能如他这般幸运，铸成大错后，对方还能给他吸取教训、改过自新的机会。很多时候，说出去的话就像泼出去的水，没有机会再收回。**不要等到交友闭塞时才反思自己的言行，要时刻为自己说的话负责，切忌空言、妄言，莫要因为一时虚荣而让自己下不来台，孤立无援。**

俗话说：“物洁，则人喜；人诚，则人信。”说空话，是不诚的表现。人们交友时都会选择衡量对方的德行，品德贵重之人，人人喜爱；满嘴空话之人，无法给人带来积极影响，反倒徒惹麻烦，听其吹嘘浪费时间，众人自然会排斥这类人进入自己的交际圈。

脚踏实地，不言空话

说空话，是对不自信的一种自我补偿的表现。这种人会在说大话的过程中，从他人尊敬、称赞的话语中寻找满足感，继而对这种感觉上瘾，直至被识破进入戒断期。但遇到新的交际环境，又会旧态复萌，如此反复，恶性循环。要想彻底摆脱这一人际交往中的恶习，必须要清楚地认识到“脚踏实地”的重要性，就此摆正自己的心态。

生命是有限的，若是万事得过且过，心气再高，也纯属白日做梦，一生终将碌碌无为；只想满足一时虚荣之感，在镜花水月中陶醉，风起，水波绽开，就是梦醒时分。

要想改掉说空话的习惯，获得人际交往的成功，首先，要树立一个理想，并为自己制定一个通过努力才能够实现的小目标，目的是在拼搏和提升自己的过程中找到自信；其次，培养个人责任感，说到做到，做不了的事情直接承认，持续不断地践行自己说过的话，逐渐取得他人信任，由此内心得到被人需要和重用的满足感；最后，坚持，万事贵在坚持，一次次克制住讲大话的欲望，长久下来，就会逐渐改掉这个坏习惯。

《论语•为政第二》中有言：“先行其言，而后从之。”

做出的事，是既定的事实，要比说千道万的吹嘘更能说明你的实力。做完了事情，不用说，旁人自会认可你的能力，然后围绕在你身边，听从你的意见。从古至今，从来不缺少爱说空话的人，但他们不是成了典型的反例，用以教育后人，就是毫无成就被历史遗忘。而被人铭记、称赞的君子，都是言行合一，多做而少说。